让孩子安心做自己

李坤珊 著

长江出版传媒　长江少年儿童出版社

谨以此书纪念父亲李灿燮先生，
他牵着我的手长大，让我安心当我自己。

谨把此书献给沉沉，
他牵着我的手共度人生的起伏，
让我在每一个今天，看见希望。

CONFIDENTLY TO BE
YOURSELF

目录

推荐序	美好的责任与希望 蔡颖卿	01
推荐序	点醒父母的教养难题 Selena（洪淑青）	03
推荐序	我的不完美妈妈 宁宁	05
作者序	爱，从了解开始	08

PART ONE
品格

01 学得慢怎么办？	15
02 如何让孩子乖乖听话？	24
03 孩子说谎怎么办？	33
04 不逼，也能教会孩子打招呼	42

PART TWO
情绪

05 疏通幼儿的情绪	52
06 教出孩子的同理心	61
07 教出体贴的小孩	70

08 带领幼儿面对错误　　　　　　　77
09 当爸爸妈妈不再恩爱　　　　　　84

PART THREE
安全感

10 给孩子固定的生活时间表　　　　92
11 过节，让孩子与家紧紧相连　　　99
12 种下信任、有趣与感谢的种子　106
13 如何帮孩子克服恐惧？　　　　115

PART FOUR
发展与学习

14 允许孩子说错话　　　　　　　124
15 幼儿该不该学写字？　　　　　132
16 看见幼儿的创造力　　　　　　144
17 读绘本学英文有用吗？　　　　151
18 培养自信的小孩　　　　　　　158

推荐序

美好的责任与希望 蔡颖卿（知名亲子作家）

真心说来，二十几年前自己初当母亲与带领幼儿的经历确实比现在的年轻父母要轻松一点，最主要的原因，是当时大环境的生活步调与教养主张比较单纯简洁，而这种氛围里有帮助小小生命成长所需要的安静与安定。然而，时代改变了，年轻一代的父母对于"教育"比过去更为热情，但这份急切却因为方向的偏重与缺少生活实际的依托，而使得教养的忧虑期不断提前。即使在学龄前，我们都可以感觉到父母的肩膀上已有了沉重的负担。

幼儿需要的养护与教导原本该从家庭得到最多的资源与关怀。他们从父母身上领会被爱的感受而自然地模仿爱人的举动；他们因为被聆听而慢慢累积真诚表达的方式；他们在一个温和宁静的环境中确认自己身处安全的美好，这一切就是所谓的"生活教育"，是每一个父母都能做的也应该做的事，而非标签化的教育标榜。

但是，现在的父母用来寻找一所心目中"好幼儿园"的热情似乎远超过自己给孩子实际照顾的意愿。我常在放学后的幼儿园看到父母并不急着接孩子回家，却把时间用来重复不断地问老师，这一天里孩子乖不乖？更常看到应该在家安定作息的孩子，在父母的带领下流连公共场所喧闹玩耍，过多的刺激使得孩子某些部分的确"变聪明"了！然而，每一代孩子都需要的"快乐勇敢过一生"的本领，是否也随着环境改变而深厚？教育观念的提升会不会使得多数的父母对体制或他人的期待大过自己应负的责任，却忘了在幼儿期，这其实是一种严重的教育缺失；父母应该多花时间来"了解"并"教养"自己的孩子。

了解需要时间，更需要从相处的经验里细微地观察与不断调整，因此再也没有比"生活"更好的界面了。无论身体的照顾、情绪的理解或智力的启发，父母都应该借着生活种种照顾来帮助幼儿成长，使他们拥有够好的经验来累积面对未来新经验所需的精神与勇气。

李老师不只是幼儿教育的研究者与现场执行者，更是一位母亲，她在书中细笔所提的多年经验，对于正在带领幼儿成长的父母一定会有许多帮助。我很期待有更多的年轻父母为守护孩子应得的纯洁、安全的环境而努力，不只是因为幼儿如天使般可爱，更因为他们的成长攸关后续教育的方向发展。承接书中的经验、透过自己深刻的检视与反省，然后每日给孩子最细心实用的照顾，是我在这本书中看到极为美好的责任与希望。

推荐序

点醒父母的教养难题

Selena（洪淑青，人气博客"一开始就不孤单Ⅱ"博主）

当了妈妈之后，才知道教养小孩要注意的心理层面非常复杂，孩子所发出的一言一行，都透露着他心中所想的、所期望的、所害怕的，父母必须成熟冷静地陪孩子一起面对成长的问题，只是再怎样成熟的父母还是有无力的时候，孩子的诸多问题总是考验着父母，让爸爸妈妈伤透脑筋。

对李老师的文章一点都不陌生，每个月《亲子天下月刊》里都有李老师的教育观点，李老师就像是教养的第三者，她的文字总是能客观地点醒父母，帮助无力的父母，找到教养孩子较适宜的方法。就像是这本书一样，让伤透脑筋的爸爸妈妈有个正面力量支撑。李老师曾在书中说过："我们的情绪，不管是哪一种，善用它们，都是有利学习生存之道的成长机会。压抑孩子的生气，并不会让它消失，反倒是在累积它，直到爆发；压抑孩子的生气，也并不会让它匿迹，反倒是在让它变形，然后以另一种方式出现。"

李老师鼓励父母把生气看成"正常孩子"的一部分。我想起了二女儿是个脾气挺大的小孩，但她的脾气来得快也散得快，她曾经告诉我们："我只要哭一哭就好了，不然我会很难过。"正如李老师所言，若压抑孩子的情绪反倒会让它爆发，所以我们允许孩子有情绪过渡的时间，帮助她解决自己的情绪问题。老师还说过："在关爱环境中长大的孩子，便能学会如何关爱自己和他人；在批评环境中长大的孩子，学会的是如何挑自己和他人的缺点。所以父母关爱孩子不仅是骨肉相连的情感，更是让孩子学会表达关爱、如何同理他人感受进而分享与关怀。我一直深信，要孩子学习分享，必须从关爱自己、关爱他人开始。"

这本书有太多值得父母深思的观点，在我阅读过后，对于自己与孩子之间的亲子关系有不一样的想法，而我也犹如被李老师点醒一样，懂得用更宽广的态度面对我的孩子。

推荐序
我的不完美妈妈 宁宁

在我还是个天真无邪的小孩时，我的父母是我的偶像。他们做的每件事都是完美的，他们什么都知道。我小的时候就知道自己将来也想当一个事事全能的父母。

就像刚从充满天使的美梦中苏醒的人，却发现那些天使好像不是真的时那种错愕，当我发现父母并不是什么都知道时，我很震惊。我妈妈老是说她有点惧高，但我从没把她的话当真，因为我相信所有的父母就像神一样全知万能。

那一年，我们决定去美国六旗游乐园（Six Flag）玩，我终于可以去玩云霄飞车了！我实在迫不及待，因为那可是我第一次获准去玩真正的云霄飞车呢。我内心充满兴奋，但又非常紧张，感觉肚子一阵翻搅。当云霄飞车突然倾斜要开始时，我也往前倾，蓄势待发。我试着捕捉坐在云霄飞车上的所有细节，但当车子愈爬愈高时，我唯一没注意到的是妈妈的脸。呼啸而过的风像旋风一样将我团团包围，喉咙也被迎面而来的冷风吹得好干。当云霄飞车高速俯冲又戛然停止时，我听得见车上的人奋力的尖叫声。

当云霄飞车慢慢滑出隧道，要开始爬到最高点时，我四处张望。那是整趟云霄飞车的最后一趟俯冲，也是全程的高潮。脚下的风景让我有些害怕，于是我往后靠，车子就往下掉了。风刮着我的脸，寒风吹打着我的嘴巴，我的牙齿是冰冷的。我的眼睛有些刺痛且湿湿的，泪水在我的眼眶里打转。两只手也因为在冷风里拼命抓着冰冷的安全杆，都麻掉了。我可以感觉得到肾上腺素在血管里奔腾。我本来很享受这一切、这种感觉，每件事都很迷蒙，我本来在空中飞，然后……我感觉肩膀疼痛。

在我生平第一次坐云霄飞车的最后几个俯冲里，无意间我猛力转头，结果看到了妈妈。我不是被鸟或奇怪的动物撞到，更不是撞到云霄飞车的某个地方，但我确实有被猛然一击的感觉——一个才六岁的小孩坐云霄飞车，却被眼神惊恐的妈妈狠狠抓住肩膀，这很不正常吧。当时她不肯松手，所以我只好自己面对那种惊恐直到云霄飞车结束。后来，妈妈回神了，很仁慈的把我的肩膀还我。

当我们下云霄飞车时，我不断反复思索，并试着理解刚才发生的那一连串事件。就在那时，我才突然恍然大悟：原来大人并不是完美无缺的。我开始有了新的想法：与其认为妈妈是完美的，我开始用"一个人"的眼光去看她，而不再是我以前心目中的那个万能女神。也因此，我对妈妈的个性有了更多了解，也意识到她比谁都还需要我和我们一家人，因为她不是完美零缺点的。这让我理解：妈妈需要我，就跟我需要她是一样的。

这个体悟也让我开始用完全不同的眼光看外面的世界。我在那一天学到了很重要也很宝贵的一课：每个人都有可能会犯错。当我明白犯错是可以被接受的，和爸妈相处时心里就比较舒坦。可不是吗，完美全能的大人遇到危险时，应该不会死抓着孩子不放吧？

作者序
爱，从了解开始 李坤珊

为什么你要看这本书？它的作者，不完美；它的论点，不是教你放之四海皆准的真理。它想说的，是许多小小孩的挫折、得意、忧伤、快乐、气愤、恐惧和勇敢。它想完成的，是想说动大人，愿意花时间去了解小小孩。因为真正持久的教养，从爱出发；真正的爱，从了解开始……很幸运的，我身旁有了解我的人。

我是一个充满缺点的小孩，我的爸爸妈妈从不隐瞒：他们了解我的缺点。但从那个了解里，他们选择了相信，相信他们的女儿，会以她的优点，去克服缺点带来的遗憾，他们让我安心当我自己。

我是一个满是缺点的学生，老师们也从成绩里不隐瞒：他们了解我只是个中等资质的学生。直到在文藻外语专校的那年，我的西班牙文老师江绮雯，在圣诞节前，送我一本钟梅音的《海天游踪》，对我说："李坤珊，你很有才气，也很特别。有一天，你会像这本书一样，影响着许多人。"我的老师，让我看见"期望"

的种子是如何的在一个小孩的心灵深处，悄悄着床、发芽。

我是一个有着许多缺点的妻子，我的沉沉也从不隐瞒：他了解我有许多事做得丢三落四。但从那个了解里，他选择了和我一起"不放弃"。不放弃地，与我一次又一次的沟通；与我从错误里学习再出发。他，让我了解"家"的力量有多大？家，它永不放弃你。我也是一个糊里糊涂的妈妈，我的宁宁和小福也从不隐瞒：他们了解妈妈老是忙得搞砸了事。但从那个了解里，他们选择了和妈妈一起学习长大。我们一起认真地去认识彼此的喜怒哀乐、长短处、去当彼此的支柱。我的孩子，让我看见生命，因为彼此相爱，不再一样。

花了四十七年的时间，我了解了一件事：失望，是人生的一部分。有人因为看见它，选择了放弃对爱再有期望。也有人因为看见它，选择了珍惜与心爱的人，在一起的此时此刻；选择了从不圆满中，找到天堂！

我选择了后者，因为那些生命中了解我的人，滋养我成为选择后者的妈妈、老师和妻子。因为他们的爱，我相信教养的目标：是让孩子安心当他自己、是在孩子的心中种下"相信自己"的种子、是不放弃的引领与盼望、是让孩子的生命因我们而不一样。而这一切，都只有在"了解"里才有可能实现。那了解什么呢？

了解孩子的人格特质和特殊需要！每一个幼儿，都带着特有的人格特质和需要，来到这世界。了解他的人格特质，你就会调整你的脚步，给他时间，好好协调自己对外在环境的反应，否则他会生活在压力里。了解他的特殊需要，你就会想法子，让他的特殊生理和心理需要获得满足，否则他会生活在羞愧里。你了解孩子的人格特质和特殊需要，孩子就可以安心当自己。

了解孩子的想法和感受！幼儿遇事会如何思考、如何感觉，跟他的年纪有关系，也跟他的经验息息相关。了解他为什么这样想，你在向他说明事情原委时，就比较能掌握要说什么，他才能理解，才能学习。了解他的感受是什么，你在带领他做选择时，就比较能引发孩子的共鸣，让他听得进去你的建议，也让他学习如何调节情绪，一辈子受用。你了解孩子的想法和感受，孩子就会相信自己的能力，对未来充满希望。

了解孩子的特殊长处和挑战！没有一个孩子，是相同的。例如，两个同样都有解读社会行为问题的亚斯伯格症小孩，一个比较退缩，另一个则易怒；一个对事物的细节过目不忘，另一个则对地理区域有着无限的热情。你了解孩子的特殊长处和挑战，就会利用孩子的长处为出发点，不放弃任何一个取长补短的可能性，帮助孩子成就他自己。

了解孩子需要看见世界的完美和不完美！每一个孩子，都带着不同的使命来到这世界。是什么使命呢？那是一个谜！你和我所能做的，就是带着他、陪着他经历每一个失望和希望。让他在失望中学会忍耐，在希望中学会感恩。你了解孩子需要看见世界的完美和不完美，孩子的生命历程将会因你而不同。

这本书里的文章，辗转写了两年多。每一个例子，都来自我和孩子间的互动记录。而那些记录，不是写在笔记本里，都是写在我心上的。每了解一个孩子,我就无法不爱他。那天拿起相本,算了算,只差两个,十年来,我就带了一百个幼儿。当中有将近三分之二跟了我连续三年,他们如何长大的,都写在我心上了,那让我成为更好的老师。我要谢谢那些孩子!

书里的文章,每一篇都经过《亲子天下》编辑群的细心处理。在总编辑琦瑜的带领下,错字改了,文句顺了,条理也更清楚了。在统整成书过程中,慧云更运用她的巧思,把所有文章统整成有脉络可寻。所以,没有这群专业编辑的慧眼和协助,这本书要结集成书,简直不可能。我要谢谢他们!

你和我一样,我们都爱我们手心中的那个或那些宝贝孩子。要不要爱孩子,从来都不是个选择,但要如何爱他,却是个选择题。这个选择,不会很容易,因为每个孩子都不同,都是个谜。所幸,只要你了解他,如何爱他就有道路可寻。这本书,就是在这个基础下,为你所写。你和我,就是在这个基础下,有了一致的愿望:孩子,我要你安心做自己。

PART ONE
品格

学得慢怎么办?
如何让孩子乖乖听话?
孩子说谎怎么办?
不逼,也能教会孩子打招呼

PART ONE 品格

01 学得慢怎么办？

为什么家有学前儿的父母，经常处于"他已经几岁，怎么还不会……"的担心？是什么样的压力和观念，让父母失去了"发现"孩子成长历程的惊喜与热情？

年复一年两地奔波，平日在美国教书，暑假则回台湾演讲。我发现："为什么台湾和美国两地父母问我的幼儿教养问题，有很大的不同？"美国父母来找我，整个谈话重心，大部分都在表达他们的惊讶。他们惊讶自己的宝贝，居然知道这么多、会做那么多。台湾的父母找我问问题时，起头句通常都是："他已经 X 岁多了，怎么还不会……？"不管是阅读、画画、收玩具，还是礼貌和分享，每一件事都让父母担心。更别说他们从媒体里，不小心听到的："如果你的孩子还没开始……就已太迟"这种种的威胁了。我常觉得,现代的父母好像是在惊吓中带小孩长大的。

以前,总觉得那些不一样,是理所当然的文化差异,没啥可大惊小怪!但是这些年来,我愈来愈讶异地发现,这个被我"小看"的文化差异,深深的左右着我们对幼儿的了解;这个感觉上"理所当然"的文化差异,其实有个很不同的价值观——"尊重小孩",从底子里区分着教养方式的不同。

孩子也需要被尊重

比如说,你一定听闻"从婴幼时期开始,就要与孩子共读"的这个论点吧?

在我们还不真正熟悉"尊重小孩"的内涵下,我们会自然而然的把"共读要早"这件事,与"如何教小孩,他们才不会输在起跑点"上的概念,做想当然的连结。结果,每年我在台湾最常被问到的问题不是"婴幼儿还不会识字看书,需要那么早跟他共读吗?他们能懂吗?"就是"我要怎么与婴幼儿共读,才最有效?"

以"尊重小孩"为价值观的教养,是以信任、接纳,甚至欣赏小孩的能力为前提的。所以父母在与"不识字又不识图"的婴幼儿共读时,比较少会去担心孩子还不知道这个或那个的缺失，反而是去注意小孩"会什么"：哇，我的宝宝会一直呵呵笑；嘿，他会假装吃那图里面的东西；好有意思喔，他会一直想翻书，一看到书中的小鸭子就会去拿自己的那只……欣赏孩子所会的和他表现出来的小小成就，就会惊喜孩子每一步的成长过程，就会相信并接纳孩子每个时期的看书"能力"。

相反的，以"儿童是小大人"为内涵的教养，指标放在已成熟的行为。所以成人在看孩子的一言一行时，会以成人的标准来检测孩子。在这样的教养内涵下，父母与"不识字又不识图"的婴幼儿共读时，就会不由自主地挑出孩子的不足之处了。所以，许多父母会问我："他为什么坐不住？不够专心？只想自己翻书？一直重复？如何让他爱看书？……"关注孩子所不会的，就会担心孩子的起步已输了、或是哪里出了差错。

不妨直说，其实我们还没有真正熟悉"尊重小孩"的内涵。这个不熟悉，可能让我们在执行那些五花八门的、进口的、宣称重要的教养方法时，惊慌失措。这个不熟悉，也可能让我们就以自己熟悉的操作方式硬套在新观念上，甚至导致断章取义的文化移植。结果呢？弄得我们丧失了常识，也愈来愈怕带小孩。

欣赏孩子所会的和他表现出来的小小成就,就会对孩子成长的每一步感到惊喜。

其实，只要仔细去分析年年进口、各式各样的不同教养口号和教学法，不但消长甚快，面对的施行问题也都有很类似的景况，你就不难了解，为什么移植是这样的困难。因为，硬性的移植，很容易落到水土不服的下场。而在消化和转化过程中，所需要的时间长度和努力又很缓慢，也要有耐心来磨，不可能一蹴而就。

例如几年前，我受邀到台北学生的一家蒙特梭利幼儿园里，看她们的教学现场。有一个四岁的小孩，跳到了工作柜上，不肯下来。班上的一位老师，慢慢走到柜子旁，轻声细语的一直对孩子说："请你下来，这样很危险。"那个孩子，一定是听惯了这样的"劝导"，充耳不闻，也置之不理。事后，我问那位老师为什么会那样处理？她回答说："我想尊重小孩。"

接着，她问我："老师，要是你，你会如何处理呢？"我半开玩笑说："引导过一次还不听的话，我会给他有限定的选择，请他自己下来，或者我会像老鹰一样，把他抓下来。怎么下来，他有选择；但要不要下来，他是没有选择的。因为保护幼儿的安全，是成人最重要的责任！"

不把孩子看成小大人

"尊重小孩",尤其对幼儿,就是一个我们自以为懂,却打从骨子里是全新的观念。"尊重"是什么?第一步就是:"不把孩子看成小大人。"它是一种了解的努力,也是尝试接纳的学习。成人不但要想、也要努力了解现阶段的幼儿能做什么?是怎么做的?先有了解,才可能接纳现阶段幼儿的喜怒哀乐、勇往和退缩,也才能断定什么时候要为孩子下决定。因为了解,成人才有可能学着如何爱现阶段的幼儿。有了了解,你就会无法抗拒地爱上现阶段的幼儿。

在我们的传统隐形观念里,"幼儿"时期是个待塑形的黏土,是为日后成为大人的准备时期。既然"待塑形",教养工作的重点就集中在:"它还不是什么,所以让我们想办法把它变成什么。"既是成人准备期,所有的成长轨迹都有缺失,都有待改正得更好。

说穿了,我们是不是想在生命的初期,就为他树立一个模子——一个父母想要的模子?但在"模子"的概念下,怎会看见和接纳孩子真正是谁、真正想做什么?甚至"现在"能做什么?因此,许多台湾父母,才会忧心忡忡地焦虑幼儿还不会这个和那个。

在"模子"的概念下,我们也会失去"发现"生命的惊喜和热情。因为，我们太自以为是地认为，自己可以把站在眼前的这个幼小生命"从小看大"地看透。但生命的历程实在太奇妙了，你不会知道站在眼前的这个身高几十公分的小人儿，他将来的路是怎么转弯的？他有什么特殊的才能？他有什么样的感动？他又会影响到哪些人？每一个孩子，都是个谜；每一个孩子，也都充满着惊喜。假使有模子挡在孩子跟大人之间，那我们就无法发现每个生命个体的独特性，是这么有趣、这么迷人。

帮孩子"成为自己"

每当有人访问我，总喜欢问这么一个问题："在幼儿教育里，你觉得最重要的是什么？"而我总会想起史蒂芬的故事……

他是个四岁的小孩，四年前，他在离开我的教室前，对我说："Sandra, I don't know why I am a good kid here, but I am bad everywhere."（我不知道为什么，在这里我是个好小孩，但在别的地方，我却是个坏孩子？）而我，却久久说不出一句话来回答他。只能把这个过动、父母离异、一个星期去三个家的孩子搂在怀里，任泪夺眶而出……

我问史蒂芬："为什么你会觉得在这里自己很好？"

他摇晃着身子，以我常说的话来回答我："Because I am important.（因为我很重要。）"我知道我无法改变他复杂的家庭背景，我也知道他在别人的眼中是个不折不扣的麻烦。但至少，每天八个钟头里，在小小的教室屋檐下，我为他经营了一个安心当自己、相信自己可以愈做愈好的窝，让他觉得自己的样样都重要，知道自己可以做得好，他的这个"自己"是善良的、是充满着希望的。

假如成为世界的公民，是我们对中小学孩子的教育目标的话，那我要说"成为自己"则是幼儿教育的最重要目标。幼儿从来到人间开始，他们是那样一步步地发现："喔，这是我的手吗？我的手会张开呀？咦，我会笑呀？我一笑，他们就会好开心呀？……"换句话说，幼儿的成长工作就是去发现有一个"我"，而我们成人的教养工作，就是去看见和成就每一个孩子成为他自己，因为他是独特的，是善良的。

仔细数数幼儿的词汇量，一定不难找到出现频率最高的字——没错，就是"我"或"我的"。可千万别把这个幼儿的自然现象，当成"人类本自私"的控诉！在人类成长的第一步里，我们是从学会依赖，进阶至独立；是先学会爱自己，才有能力爱其他的人。

我是一个平凡的妈妈、一位幼儿园老师、也是一个训练幼儿园老师的老师。我和其他无数的你，都同站在每个孩子的起跑点上。是我们开启了孩子的第一个信任和学校经验，是我们陪着孩子走过每一个努力和平凡的今天。因为有你，孩子走的路会不一样；因为有你，孩子可以安心地当他自己。是你，改变了他生命的轨迹！

PART ONE
品格

02 如何让孩子乖乖听话？

天冷，要孩子添衣，他不穿；要他专心吃饭，他乱跑。管不住，说不听，大人担心又抓狂。如何给孩子选择建议，终结亲子大战？

凯瑟琳的妈妈在卡片上写着："你是怎么办到的？她总是愿意听你的——你是我遇过最有天分的老师！"有没有天分，我不知道，但我的确让对一切都说"不"的凯瑟琳，在冬天穿上长裤、雪天戴上帽子、去操场前上厕所。

这些听起来，都是鸡毛蒜皮的小事。但日日与幼儿相处的爸妈或老师，一定能了解，正是这些小事，让你抓狂。为什么？道理很简单，因为你和孩子有"不同的需要"。

不同的需要，导致不同的选择和决定！从"需要"本身的角度来看，它没有对错，像是需要吃东西、需要被爱、需要被认可，甚至需要玩、需要发脾气等，需要的本身，是个人的。但是，亲子个别的不同立场，所导致的不同需要和不同选择，却会在交流中产生冲突，也很容易陷入"谁听谁的"亲子大战。因此，如何看待彼此的需要，就会决定大人和小孩怎么处理冲突，是对立、退让、还是妥协？只听大人的话或只顺着幼儿的坚持，这样的二分法，都不会是最好的结果。因为那样的结果，只会为亲子大战火上浇油，大人和小孩都无法学习到真正的沟通。

真正的沟通，是能看见彼此的需要，找到利己也利他的妥协点！

模式一：从孩子的"坚持"了解需要，找到妥协

回到凯瑟琳的例子。不管寒冬或酷暑，三岁的凯瑟琳只喜欢穿裙装，所以她每天都穿裙子。从"需要"的角度来看，凯瑟琳的需要，一点也没错，她想要也需要漂亮。凯瑟琳妈妈担心她会冷，所以坚持冬天要穿长裤，从"需要"的角度来看，妈妈的需要，也很合理，因为她需要保护小孩不受冻。

但一方坚持不穿长裤，另一方则坚持非穿不可，于是"你赢我输"的亲子大战，天天上演，从家里战到学校，从

家务事变成了我（老师）的事——因为我"需要"孩子们在零下几度的冬天，到操场玩时，穿上长裤和戴帽子保暖，那是我的责任。

当我宣布这项规定时，凯瑟琳嘟嘴说："我不要穿长裤！"她清楚地表达了她的需求。以下是我与她的对话（凯代表凯瑟琳，师代表我）：

凯：我不要穿长裤！

师：我知道你喜欢穿裙子，不喜欢穿长裤。

凯：我讨厌穿长裤！

师：我知道你喜欢穿裙子！但天气很冷，必须穿长裤保暖。我爱凯瑟琳，不希望凯瑟琳着凉生病。

凯：我不冷，我不喜欢长裤！

师：我知道你喜欢裙子！但天气冷，穿长裤才保暖。你可以把长裤套在裙子下，或把裙子暂时换成长裤，你决定。

凯：我不喜欢长裤，我不要穿！

师：天气很冷，你必须穿长裤保暖。我等你套上或换上长裤，再带你出去。我们的户外时间很短，假如你错过，就只能等明天了。你必须穿上长裤，才能出去玩。

就这样，我让助教带其他小朋友出去玩，我则不动气的坐在教室里等她。十五分钟后,她很不高兴地把长裤套在裙子下,来到我跟前,说她准备好了,我赞赏了她的选择:"你选择了保暖,这是很好的选择,我很以你为傲。"我也依照约定,带她出去玩。但一到操场,她只能玩五分钟,就得回教室了!

凯瑟琳哭着走回来,因为时间太短。而我则以理解的口吻说:"我知道你还想玩,但你用了太多时间来决定要不要穿长裤。明天早点穿,就有时间玩了!"隔天,我只等了五分钟。第三天,集合时间一到,她就自己拿着长裤,套在裙下,没有挣扎,不用哭闹,也有了足够的户外时间,尽情与朋友玩。两个星期后,她决定穿长裤上学,因为她发现换来换去很麻烦。和凯瑟琳的成功沟通经历了以下的四部曲:

一、同理心对待,不批判孩子的需要:大人要尊重孩子的需要,所以我说"我知道你喜欢……",而不是去批判她需要的对或错(例如说,"冬天穿裙子,想冷死啊?")同理,可以让孩子平静下来,愿意聆听你所说的;批判,则让孩子充满防御心,并且会采取反抗的态度。

二、明确表达大人的想法和需求,避免模棱两可:有时大人分不清楚自由和放任,忘记什么是常理,也不清楚

如何看待彼此的需要,就会决定大人和小孩怎么处理冲突。

自己的角色，不敢作主。冷了要添衣、在公共场所用餐不宜到处乱跑……这些基本的常规，都要清楚的让孩子了解。这不是选择题，而是大人保护、教育孩子的必要要求。

三、提供孩子有限的选择：认可孩子的需求，也得清楚表达大人的考虑，带领幼儿选择。别忘了，幼儿的生活经验有限，我们成人比孩子更了解如何保护孩子的安全。但为了尊重孩子的需要，我们若能给孩子两三个选项，让他抉择，不仅让他觉得拥有选择权，也学会考虑、接纳、妥协自己与他人的看法。

当然，成人提供的选项里，最好放入某种程度的孩子需求，让他觉得被尊重和接纳。以凯瑟琳为例，认同她自己对穿裙子的喜好，但也接受大人套上长裤的要求，这是她最佳的选择！至于好不好看，在这种情境下就不那么重要，也不是当务之急了。

四、影响选择的因果关系：不同的选择，会带来相对的结果。运用自然关联性来教养，不但有效果，也较能持续。所以，当凯瑟琳不穿上长裤，就无法出去玩；当她花太长的时间来决定穿长裤，自然就缩短了自己到户外游玩的时间；当她发现换来换去很麻烦时，便决定改变冬天的穿衣选项。

自然关联性的因果关系，让孩子清楚觉察到"自己"是行为的负责人，因而学会为自己的行为负责。它使幼儿了解自己有能力操控因果关系，并为自己的选择感到骄傲，增强了对正向选择的机率和习惯。它也能让孩子体会什么是不妥的选择，进而从中学习，避免重蹈覆辙。

模式二：从孩子的"行为"看见需要，找到妥协

不是每个人都喜欢布莱恩，虽然他绝顶聪明也很善良，但他说话很大声，总是不由自主地扭来扭去，常发出怪声音。但这一切，他都无法控制。是的，他是个多动外加妥瑞氏儿。

他三岁来到我的教室，今年要进小学了。三年来，我学会了从他的行为读他的需要。比如说，当其他小朋友能坐着看我教课时，布莱恩总是坐不住。所以，我给他个特殊坐垫，满足他肢体必须扭动的需求。就这样，他在坐垫上扭来扭去的同时，也能专心听课。

除了肢体上必须扭来扭去外，他的嘴也需要咬东西，来平衡自己的神经冲动。所以我在他需要专注数珠子、写作文、和做缝工时给他嚼口香糖，让他总是动来动去地成功完成每一个复杂的学习工作。

常常，他会把双臂从袖子里抽到胸前，像乌龟一样。我了解，这是他寻求安全感的讯号和方式。所以，我常在午休时间，把他像个茧一样地包起来。裹在毛毯里的他，不久便动也不动的睡着了。

我不是医生，但从布莱恩的行为，我看见了他的需要。虽然我无法治疗他，但我提供方法，顺应他的需要，不是改变他的需要，让他安心做自己。有一次他好奇的问我，"不知道为什么，我常常不小心叫你妈咪？"其实我与他的互动有很清楚的模式可寻，没有灰色地带。因为我了解，这对多动儿来说非常重要，这给了他安全感。我想，这就是他常误叫我为妈咪的原因吧！

凯瑟琳和布莱恩都不算是好带的孩子，但我愿意花比较多的心思，了解他们的需要。从他们的"需要"来看他们的行为，我学会了冷静和不动气，也看见了他们真正的快乐和担忧。而他们，也学会了从我的需要来关爱我。那天早上，有个孩子切了块奶酪给我，布莱恩一个箭步地冲过来，挡在我身前说："珊卓拉很不喜欢奶酪，不要给她。"

没错，在关怀的环境里长大的人，会懂得以别人的需要去关爱别人，尽管他只是个三四岁的幼儿！

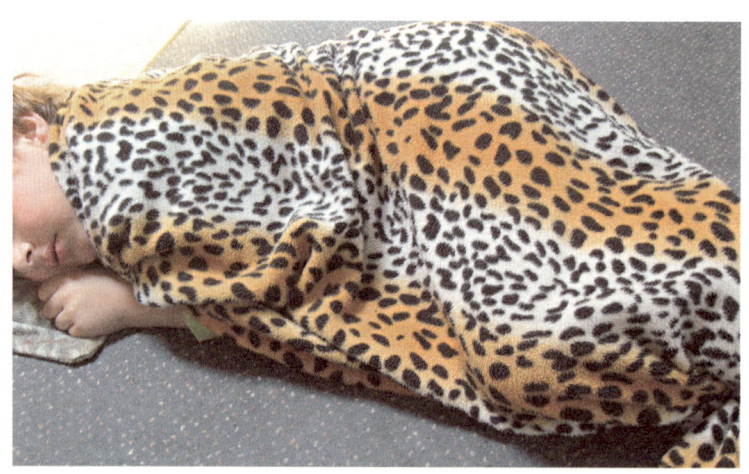

午休时间,布莱恩像个茧似的被包在毛毯里沉沉睡去。

PART ONE
品格

03 孩子说谎怎么办？

幼儿开始说谎，是有意还是无心？家长该如何正面管教，而非让孩子更害怕说实话？

多数父母会发现，孩子开始出现明显的"说谎"行为，大约是在三岁左右。五岁半以下孩子的说谎原因，通常可以简单分成两大类：一种是编造不曾发生过的事；另一种则是希望自己没有做过某些行为，以逃避惩罚或是想要达成某些目的。

编造不曾发生过的事

三到五岁的孩子，尤其四岁半左右，正处于想象力快速发展的阶段。所以，"虚实不分"是学龄前孩子出现说谎行为的原因之一。在难以区分想象与真实世界的情况下,孩子常会编造故事,说出与事实不符的内容,而且他们会认为自己所想象的事情是真的。其实,这些编造故事的背后,往往透露出孩子的期望。例如,明明没去过迪斯尼乐园,却跟同学说自己昨天去了迪斯尼乐园,或是告诉同学,他在后院看到一头好大的狮子。这些编造的故事,都与想象力发展、对虚实分辨不清,或者心中的期望有关。

三到五岁的孩子想象力丰富,所以当他们说出与事实不符的内容,并不是刻意说谎,而是认为想象世界是存在的。假如父母以大人的说谎行为来定义孩子,换句话说,只要是与事实不符的言语,都视为说谎的话,那大人就会觉得五岁半以下的孩子,经常在说谎。

参与想象但不强化

五岁半以下的孩子出现这类说谎行为时,父母千万不要把它当成偏差行为或人格问题来处理,而是要以"就事论事"的态度来面对。

以我班上的孩子为例,当孩子告诉我:"昨天妈妈带我去迪斯尼乐园玩。"但我清楚知道没有这件事,我不会说:"哇!好棒喔!"因为若大人过度反应,反而会强化这种行为的出现。我的处理方式是告诉他:"你很想去迪斯尼乐园玩对不对?所以你想象自己去了迪斯尼乐园玩。那么你告诉老师,在那里玩了些什么?"我会先用很清楚的直述句,让孩子知道他很希望去乐园玩,所以想象了自己去乐园玩。接着才问他,在想象里他玩了些什么。让他在逐渐发展分辨虚实的过程里,也感受到成人对他想象世界的尊重。

运用想象力,将不存在的事物变成真实想象,是幼儿发展的重要特性。父母一方面不能不处理,而导致日后孩子真的养成说谎习惯;一方面也要引导他了解想象力是珍贵的,大人喜欢他的想象力、愿意参与。

上述处理方式的优点,在于孩子不会认为大人是在戳破他、指责他,甚至让他感受到运用想象力是错误的。大人能参与孩子的想象世界,就能达到鼓励孩子发挥想象力的功效。

等孩子五岁多之后,可以渐渐区分出真实和虚幻,这种非事实言语的出现,就会逐渐消失了。相反的,如果大人劈头就说:"你骗人,那是假的。"立刻给孩子贴标签,在分不清真实与想象的阶段,会让他以为自己的想象是错的,反而扼杀了想象力发展。

说谎是因为害怕被惩罚

孩子说谎的另一种最常见原因,是基于"害怕被责骂,希望这一切都没有发生,所以他就认为真的没有发生"的心理。例如,当孩子打破玻璃杯,他知道大人会生气,因为害怕被惩罚,就希望这是别人造成的,而真的相信事实就是如此。所以有的孩子会说:"不是我,是妹妹打破的。"他们甚至会说,是家里的小动物、娃娃或想象中的朋友破坏的。

类似这种型态的不实之言,有时是基于希望得到自己想要的事物。例如,为了想买太空超人的玩具,即使妈妈没答应,却私下告诉爸爸已获得妈妈同意。

父母若发现,孩子经常说这类谎话,而且大多是基于"趋利避害"的心理而不敢说实话,大人必须先检验自己,到底自己是应该以"抓谎"还是从"强化说实话"的态度,来处理孩子这类型的谎言?"抓谎"的动机,会让孩子因为怕被抓,只好以"道高一尺、魔高一丈"的方式,继续圆谎。反之,"强化说实话"的处理模式,却会让孩子养成勇敢、选择说实话,而且负责任的习惯。

所以,大人要自我检讨:为什么孩子需要一天到晚说谎?是不是他的成长环境不能让他产生安全说实话的信任感？是不是大人没有提供鼓励孩子说实话的环境？如果孩子发现每次说实话的结果，只是讨来一顿打骂，为了保护自己，孩子自然会编织许多谎言以便自保。在鼓励说实话（而非害怕被抓）环境中长大的孩子，其实是敢于说实话的。因此，父母应该提供孩子一个敢说实话的安全环境，让他不怕说实话、选择说实话。那要如何做呢？

使用直述句切入说谎事件

面对孩子因为害怕责难而说谎，建议父母应保持理性的处理态度，借此让孩子学习对自己的行为负责，养成选择诚实的习惯。例如，若很清楚是孩子打翻了牛奶，他却推说是别人做的，我会以直述句切入事件本身，平心静气地对他说："我知道你把牛奶打翻了。"以就事论事的起点，立刻进入事情的中心，来引发孩子说实话的情境。接着，再告诉孩子："现在该怎么办？让我教你怎么清理洒在地上的牛奶。"让孩子知道，要对自己做的行为负责，同时学习如何处理。

过程中，要避免使用陷阱式的问句，像是"你有没有打翻牛奶？"当你这样问的时候，就像设置一个导致说谎话的陷阱，孩子知道他可能有麻烦了，就不敢说实话，只好说"没有",逃脱责难。也要避免对孩子先贴标签,说些攻击人格的话,像是:"你说谎,你实在太差劲了。"这样的情绪话字眼,只会产生负面效果,不但让孩子觉得害怕,也认为自己真是个坏孩子。既是坏孩子,又害怕被责骂,就只好一而再、再而三地说谎。

重要的是,要引导孩子在这过程里,选择承认自己的行为。所以一但孩子说了实话,成人一定要立刻具体地称赞:"你承认牛奶是你打翻的,是个诚实的好孩子。妈妈很高兴你选择了说实话。"透过这种正向引导的方式,让孩子知道诚实是好的、是会被赞许的行为。接着,再来引领孩子善后,学习如何负责任。有了这样的环境,幼儿才能信任:说实话,不会倒大霉。说实话,是为了要负责任,而那个责任,他可以做得到,他会觉得安心。

同理→进入问题核心→传达爱

从儿童发展理论来看,五岁以下的孩子还无法完全区辨想象和真实,并不清楚自己是在说谎,他会把自己期待发生或不希望发生的事当成真的,而没有真正了解说谎是错误的行为。六岁以上的孩子如果说谎,大多已经知道自己是故意在说谎,同时明白这是错误行为。

至于如何处理六岁以上孩子说谎？父母除了要直接指出说谎行为的错误外，同样要以"同理孩子→切入事件问题核心→传达爱"的基本步骤进行，让孩子知道自己的行为不对，并懂得改以正确的方式面对问题。

记得有一次，儿子国小二年级时曾对我说谎。原因是他和同学在学校作业没写完，就躲在走廊角落玩电动玩具。老师发现后，要他们写下今天在学校发生的事，带回家让家长签名。儿子担心我生气，回家后拿张小纸条来找我，说要看我怎么签名，我一时没想太多，就在纸上签了名。隔天老师跟我提起这件事，我一脸茫然，后来才了解事情始末，老师也才发现那是假签名。

这件事让我非常生气，但我还是静下心来处理。我告诉儿子："昨天你拿了妈妈的假签名，我知道你是怕被骂才这么做。但你做错了两件事：第一是在不对的时间和场合玩电动玩具；第二是伪造文书。这两件事是不对的。"接着我提出一个月不能玩电动玩具的"自然结果处罚方式"，并再一次明白告诉他做错了什么。最后我跟他说："爸爸妈妈都非常爱你，尽管这件事你做错了，让我们很生气和失望，但我们对你的爱，不会减少。"

面对这个说谎事件，我的第一步是先对孩子"怕被骂而说谎"的想法表达同理心；第二步则是清楚让他知道，说谎是不对的，必须要负责任、接受结果；第三步就是再次表达爸妈的爱，让他了解爸妈的爱是无条件的，和当下发生的事是没有关联的。处理事情的方法错了，可以改正，不必害怕。

建立对谈关系永不嫌晚

趋利避害是人之常情，想要减少孩子说谎的机会，父母应该主动打开与孩子对谈的大门，重心不是在抓谎，而是找出发生什么事了？该如何做？当孩子一再的体验这种正向讨论的方式，他能为自己所引发的事负责任，不需要心虚的编谎话，自然就不会依赖说谎来逃避惩罚。

保持亲子间的良好对谈应该从小开始，即使孩子已经多次因为趋利避害而说谎，建立对谈关系也永远不嫌晚。父母要有耐心，让孩子重新信任这种沟通模式，因为信任，而选择说实话，自然就能改善说谎行为。

有些大孩子说谎是为了获得他人认同，增加自信，比如说，夸大自己。面对这种形式的说谎行为，父母要先了解，为什么孩子没有足够的自信，必须靠说谎让他觉得自己比别人好，或是自己和别人一样？同时，父母也要找机会与孩子沟通，让他认识自己的长处，肯定自己，培养一定的自信。

最后也别忘记，父母的一举一动，孩子都看在眼里。父母做错事被孩子知道时，一定要诚实以对，勇于承认错误行为。尤其，六岁以上孩子已经了解什么是说谎，看到大人诚实面对错误，孩子也比较容易诚实面对自己。

如果希望孩子做个诚实的人，父母一定要以身作则，用自身的正确行为来指引孩子。

PART ONE

品格

04 不逼,也能教会孩子打招呼

"陌生人焦虑"让孩子只接近对他成长有利的人,让自己与那个人产生情感上的连结和依附,并从那个依附里发展安全感。幼儿逐渐学会了分辨他人、信任他人。

"小孩子不可以这么没有礼貌,赶快说阿姨好呀!"回到台湾三个星期,不管是到别人家做客,或在公共场所与人打招呼,常常遇到大人半引导、半强迫地要他们手中或怀里的幼儿跟我打招呼。

比较不怕生的孩子,总还顺着大人,腼腆的轻声说:"阿姨好。"个性较为内向、敏感的,就抿着嘴、边往后缩边打量似的看着我,不说就是不说。站在一旁的大人也尴尬,觉得自己没把孩子教好,忍不住开始以责备的口吻说着:"小孩子不可以这么没有礼貌……"之类的话。

欣赏孩子所会的和他表现出来的小小成就,就会对孩子成长的每一步感到惊喜。

每回听见大人这样说孩子，总觉得好不忍心。我曾经是小孩，现在又天天与幼儿相处，深深了解被大人说"没礼貌"的感觉，是一种羞愧，也是一种挫败。羞愧的是自己不好，嘴巴不甜；挫败的是自己做不好，让成人失望。而这种种感觉，都得同时在大庭广众、众目睽睽，大人们"高高在上"，而自己是这么矮小之下，被揪出来。

小小孩也需要被尊重

我常想，没有任何一个大人受得了自己在大庭广众下被揪出来批判，那为什么我们的孩子（幼儿）就能承受呢？为什么我们会毫不犹疑的、高高在上的，在众目睽睽下，责备那身高不到大人一半的幼儿呢？或许其中重要关键就是，我们不觉得幼儿有自尊心。我们觉得他们那小小的身躯里，没有太多感觉，没有太多自尊。所以，我们的话不会让孩子受伤。就算受伤，也是一点点罢了。也或许我们这样的自信，相信小小孩就是要以较严厉的话语来教导，正应了那句俗话"棒下出孝子"！

更或许，在我们自己小时候，自尊心也被默视了，所以现在长大了的我们，也看不见幼儿的自尊心？我们看不见那站在巨人丛里的小小孩，对陌生人的畏怯。我们看不见小小孩的罪恶感,因为连他心爱的爸妈(甚至爷爷奶奶)也觉得他不够好,才会在所有大人的注视下数落他。

　　的确,在众人面前数落孩子,"教孩子"的责任是尽到了,绝对不会落人口舌。在所有的"目光"下,直接把孩子贴上"没礼貌、太吵、不听话……"的标签,"警惕孩子"的目的达成了,好像离"好孩子"的目标也愈来愈近。但是,羞愧有用吗?以羞愧为手段来教养幼儿,会有什么问题呢?

　　一、言语暴力带来伤害

　　在以羞愧为手段,所遇见的第一个现象,是语言的暴力。假如我们的社会体系认为,让一个人羞愧会很快的收到教养功效,那直接面对面的运用"真是没有礼貌、你将来完蛋了、你这样没人会喜欢你、你真麻烦、真丢脸……"的语言,也就理所当然!这类语言,直接攻击个人的自尊,让人觉得渺小、一无是处,所达成的效果就是羞愧。

　　孩子生活在这类语言下,所成就的是大人的期望,所牺牲的,却是孩子自身的尊严。伤害孩子尊严,最大的影响就是孩子觉得不应该正视自己的想法、情绪和感觉。伤害孩子的尊严,所带来的长远影响是,他们日后也不会正视他人的想法、情绪和感觉。这样的恶性循环所带来的默视情绪，甚至情绪伤害，将永无止境。

二、忽略孩子与生俱来的"安检雷达"

小小孩对陌生人的畏怯和害羞，是与生俱来保护自己的能力。你一定记得，婴儿在五个月大前，任谁抱都可以，但在六个月大前后，突然间，除了妈妈（主要照顾者）外，好像看谁都不顺眼，谁抱他，他就扭头大哭。我们通常都以"陌生人焦虑"来形容这个现象。

虽然这个焦虑会在一岁半后逐渐淡化。但随着年纪渐长，在面对陌生人的那一刹那，他们还是会有直觉的警觉。他们会静静的看着陌生人，好像是在以自己的感觉，去感受、去观察"这个人安不安全？""他对我好不好？"这种"陌生人焦虑"让孩子只接近对他成长有利的人，让自己与那个人产生情感上的连结和依附，并从那个依附里发展安全感。而在幼儿阶段养成的警戒，又何尝不是与生俱来保护自己的能力？透过那样的能力，幼儿逐渐学会了分辨他人、信任他人。

只是很遗憾的，许多成人在引领幼儿接触他第一次遇见的人时，会忽略掉幼儿的"观察"其实是一道"安检"过程。更让孩子担心的是，他还来不及反应，这个陌生人就会靠他很近，摸他的头、拍他的脸。雪上加霜的是，在错愕下，自己心爱的爸妈（主要照顾者）还会责备他"小孩子不能没礼貌、害什么羞嘛、不听话、让爸妈丢脸……"

在这几重因素下，孩子还会认为自己的感觉和想法重要吗？大人怎么想，小孩也该立即这么想。大人认为要有礼貌、见人就得嘴巴甜地叫人、打招呼，那小孩也该立刻这么做。孩子会认为不这样听话，就不是好孩子，不是吗？

三、罪恶感的产生

在幼儿的成长旅程里，他们会碰到一个成长上的难题：罪恶感。它与幼儿"好奇、主动探索"的热情，紧密相连。

当自己依照自己的想法，去探究这锅里有什么？去试探我这样做，他是不是就会这样反应？这种种试探的结果，却也可能打破某样东西，或惹毛了哪个人，与成人的意愿和秩序相悖。于是，孩子会愧疚自己让大人生气，把"自己不好"这样的罪恶感，加诸在自己身上。

同样的道理，当幼儿因为需要时间去观察陌生人，却得不到认可，又听见成人一再说自己无礼，罪恶感也就不得不开始在他的心里扎根了，结果呢？一则可能孩子觉得愤怒，反而不去做；二则可能孩子觉得自己太差劲，就不得已顺从了。不管是反抗不依或暂时顺服，两者都忽略了孩子个人的想法和情感，也都让孩子觉得自己不够好，或是产生"自己的感觉是错的"这样的想法。

从被尊重中学会有礼貌

那要如何做，才能让幼儿以正向、有尊严的、又有意愿的学会和人打招呼？首先我们必须带领孩子认识的是：什么是礼貌？"礼貌"不是只有外在形式的执行，重点其实是在感受的交流。所以我们要以"感受性"为中心，来引导幼儿学习礼貌。比如说，以感受，来理解孩子在面对陌生人时的感觉（是不好意思、害怕）；以感受，来说明友善的向他人问好，那是一种关心，别人会多么开心，而自己也会因为这友善的交流，感到温情。

以友善的感受交流为基础的认知，会自然的带领幼儿学会尊重他人。所以说，最重要的关键，是"尊重"；最有效的办法，是示范和引导。以我在书店看到的场景为例：

有位妈妈手里牵着四岁大的孩子，在书店里遇到好友。两个大人几句寒暄后，妈妈对着孩子说："小涵，这是王阿姨，她是妈妈的好朋友。"王阿姨在离孩子有一点点距离的地方，蹲下来，对小涵笑一笑说："你好，小涵，我是王阿姨。"王阿姨等了一下下，接着说："你的娃娃好可爱。"王阿姨又断断续续地与妈妈和小涵对话，然后在她离开前,她说:"小涵好可爱,小涵再见。"妈妈说:"跟王阿姨说再见,今天很高兴遇见王阿姨。要不要抱王阿姨一下?"小涵有点害羞的说再见,然后走到王阿姨跟前,抱了她一下。

在这个成功的打招呼例子里,仔细去分析,你会发现那一来一往间都以感受的交流为中心,所以充满了友善和尊重。

我看到了王阿姨的尊重:她给孩子空间和时间去观察她,因为她了解孩子会害羞;她先善意的打招呼,主动关心孩子喜欢的东西,因为她明白自己得先伸出友谊的手;她不强迫孩子马上响应,耐心等待孩子的响应,因为她尊重孩子必先观察她的需要。同样的,我也看到了妈妈的尊重跟智慧:她不强迫孩子要马上打招呼;她先介绍大人给孩子认识,亲身示范如何与人问候;等到孩子安心后,再引导她如何做,并询问孩子的意愿。

那一天离开书店后,我在一家公司的楼下碰见友人。才一见面,他立即对着他那三岁的外甥说:"快叫李阿姨。"静寂一秒后,他催促说:"快叫人,小孩子不能没有礼貌。"而我知道在这种情况下,最好的做法,就是静静的对着那孩子微笑,慢慢地说:"你好,我是李阿姨。你不认识我,有些害怕，对不对？"我想借由这样的说法，让小孩安心，也提醒那个大人。但无奈的是，那个大人看不见小孩的心情，又继续说着："怎么这么没有礼貌！"眼看着那嘴巴愈抿愈紧的小孩，心中也不禁想起自己的童年心情。

PART TWO

情绪

疏通幼儿的情绪
教出孩子的同理心
教出体贴的小孩
带领幼儿面对错误
当爸爸妈妈不再恩爱

PART TWO
情绪

05 疏通幼儿的情绪

孩子生气了,劝他"别生气"往往无效,反而让他更生气,为什么?当幼儿发脾气时,接纳、同理孩子的感受,帮他理清原因,他才听得进大人的建议,能为自己的行为负责。

我们常以"负面情绪"这个名词来界定生气、嫉妒与悲伤;以"正面情绪"来形容快乐与满足。在这样"正面"相对"负面"的分类下,成人不免会在教养孩子的成绩单里,把目标定在:我要孩子是快乐的,负面情绪愈少愈好;就算有,也希望它们一发生就能很快被控制住。

这样的想法基本上没有错,是以爱为出发点,我们当然希望孩子一天到晚笑嘻嘻、快快乐乐的。但以"正面"相对"负面"的分类和认知,却可能造成我们在面对幼儿发脾气、哭闹及嫉妒时,采取"阻挡"和"拔除"的做法,企图让生气消音或消灭，以为消音或消灭就能让生气停止或绝迹。所以下列说法，你应该常听到："小孩子这么爱生气，这样就没人爱。""那有什么好生气的，好了，别气了！"

"阻挡"和"拔除"的做法，让我想起了大禹治水的故事。大禹的父亲鲧以围堵的方式来治水患，结果不但不能阻止水患，反而让水到处窜流，于是水成了可怕的祸害。大禹却以疏通的方式来引导水流，不但控制住了水患，还把水转换成帮助人民的能源。

生气是正常情绪的一部分，不该特意压抑。

生气是正常的情绪

水不会消失，正如一个人不可能不生气。水是自然的一部分，正如生气是人情绪中的一部分。所以一个人（大人和小孩）会觉得快乐，也会有生气的时候，那都是正常的。我们的情绪，不管是哪一种，善用它们，都是有利学习生存之道的成长机会。比如说，"害怕"让人在面对危险时，会提高警觉；"生气"让人在面对不利的情况时，有了警示，甚至会设法去改变情况。

面对幼儿哭闹和发脾气时，在认知的层面上，若能把它们看成是"正常孩子"的一部分：每个孩子都会有快乐和生气的时候，那我们在处理孩子的情绪时，就比较不会直觉的只想要孩子去除或压抑"生气"的感受，比如说，"别再生气了。""你再哭，我就要处罚你了。"压抑孩子的感受，正如鲧的治水。压抑孩子的生气，并不会让它消失，反倒是在累积它，直到爆发；压抑孩子的生气，也并不会让它匿迹，反倒是在让它变形，然后以另一种方式出现。

把生气看成是"正常孩子"的一部分，也使得成人在处理上，容易同理或了解孩子的感受。同理或了解孩子的感受，并不表示要你"赞同"孩子哭闹或摔东西的行为。这里指的是，我们能设身处地的站在孩子的角度去想：为什么他那么生气？因为能设身处地，才能较正确的分析孩子发脾气的原因。找到了原因，也才比较有可能"对症下药"，引导孩子找到疏通（合情、合理、也做得到）的方法。

以"疏通"来处理孩子的生气，不但不会让孩子觉得自己是坏孩子，或觉得自己既然是坏孩子，那发脾气是"理所当然"的。更进一步积极的来说，"疏通"反而在帮助孩子指认自己的情绪，也有机会让孩子了解：自己为什么发脾气？有什么方法排解自己的生气？

疏通情绪三步骤：接纳、指认和调节

许多情绪是与生俱来的，像是满足、害怕、难过等。但因为婴幼儿并不清楚自己的情绪状态，所以需要引导他们认识自己的情绪。幼儿要在三岁以后，才能指认自己的情绪，像"这是难过"、"那是快乐"、"他很开心"、"我很生气"。也需要很多的经验，才能理解"事件"与"情绪"间的连结关系，像"妈妈离开了，我很伤心"、"他拿我的玩具，所以我很生气"。

不管是指认自己的情绪，或能了解"事件"与"情绪"间的连结关系，这些能力都是随着时间和经验逐渐发展成熟的。很多时候，当幼儿发脾气时，其实他并不清楚自己的情绪状态；也说不上来（或无法分析）自己为什么会有这样的反应。雪上加霜的是，很多时候，情绪是以双重相迭的方式出现，比如说，生气时，常常夹杂着悲伤和嫉妒。这些复杂的情绪，重重交迭，像个大网把幼儿网住，让孩子觉得失控、焦虑、无所适从。

在这种情况下，幼儿是需要成人帮助的。他需要成人帮助他了解自己现在的感觉和情绪是什么原因？更重要的是，他需要我们帮助他明了自己的"反应"是正常的，并且被接纳。

被了解和接纳，是情绪能平复的第一步："我的气愤是正常的，他（她）了解我的情感受伤了"。其实在大人的世界里，我们的情绪也常常不被接纳和理解，我们也常被迫要赶快压下自己的情绪。我们也常听见别人对我们说："别再生气了。""想开一点吧。""有什么好难过的！"换句话说，当我们听到别人这样说时，得赶快压下目前的受伤感受，因为那是偏离正道的，要想开一点。但问题是，那样的压抑是无用的，那不是疏通，而是阻塞。

千万别误会，"赞同"和"了解、接纳"间不是等号关系！"了解、接纳"并不是指成人赞成或鼓励孩子发脾气，它指的是我们同理孩子的感受，让孩子知道成人是多么关心

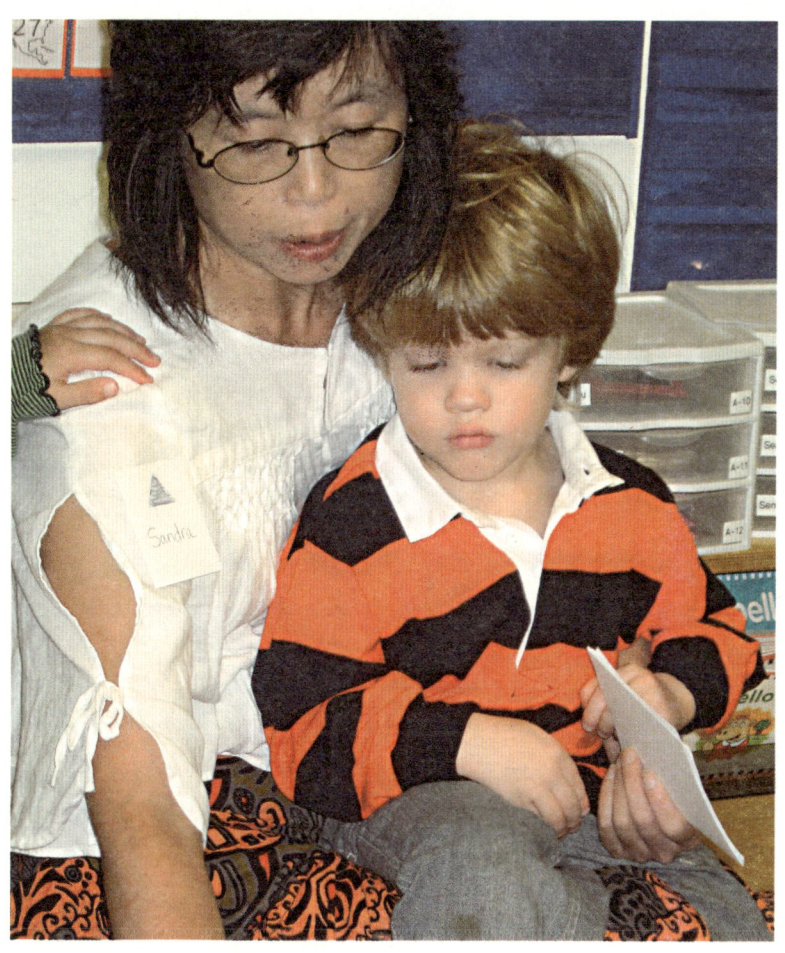

在被了解和接纳的情况下,孩子才能安心的了解自己。

让孩子
安心做自己

和理解他。因为在了解和接纳里，孩子才能安心的了解自己怎么了，才听得进去大人的疏导和引导，才了解下次有类似事情发生时，可以采取什么做法，才了解这次自己的"做法"有什么合适或不合适（比如躺在地上哭闹、摔东西）的地方。

大人应避免被情绪带着走

在处理幼儿的生气事件时，大人最该避免的是，也被卷入幼儿的情绪里。一旦成人也开始生气，只会让幼儿更困惑、害怕、生气，更觉得这个大人不可靠。开学第一天，早上八点四十五分。我摇铃，请所有小朋友到教室正中央已画好的椭圆形内坐下。一直在教室里绕圈圈的四岁新生史蒂夫，拒绝合作。我的助教耐心地一直劝他，却引发他愤怒地踢桌椅大喊："我恨这里，我讨厌新教室，我恨你。"于是我示意助教接手团体的唱歌活动，我把史蒂夫带到门口的角落，对他说了几句话后，他就跟着我，走到椭圆形内，坐了下来。助教惊讶的看着我，活动一结束，马上问说："你到底对他说了什么？为什么他能从那样的愤怒，转为配合你的指令坐下来？"以下是我和史蒂夫的对话：

"我知道你恨新教室，你恨新老师，你想回到雪莉老师的班上。"（帮助孩子指认情绪，记得使用孩子的话）史蒂夫一直点头。

"你很生气！你很生气你不能去雪莉老师的班上。你也很害怕待在这里，对不对？"（帮助孩子理清事件和情绪间的关联性）

"每个人都会生气，生气没有关系。"（帮助孩子接纳自己的情绪）

史蒂夫说："我不想来这里，我真的很生气。"

"我知道，你很生气！你需要我抱一下吗？"（提供安抚的建议）

轻轻地抱史蒂夫几下后，我说："我知道，你很生气，生气没有关系。"（再次帮助孩子接纳自己的情绪）

"但你用力踢桌椅、对玛莉老师大声吼叫，这样你会受伤、会把东西弄坏，也会让想帮你的人难过，是不合适的。等一下我带你去把桌椅扶好摆正，也去跟玛莉老师说抱歉。"（帮助孩子了解自己这次所选择的行为，是不合适的，及要如何为自己的行为负责）

"我现在必须回到教室里，带大家唱歌。你要跟我去，坐在我旁边吗？还是你想坐在旁边的小椅子上，看我们唱歌？"（提供目前孩子能做的选择，帮助他往前走）

史蒂夫年纪小，发这么大的脾气时，对自己的反应不但很困惑，也不知道该怎么办。这时在他身旁的成人，若能像镜子一样，先如实地指认他的情绪，他会立即觉得他被了解、接纳。觉得自己被了解、接纳后，气愤的强度就会立即降低，也会信任大人真的了解、关爱他。有了信任的基础，他就听得进大人的调节建议，也能为自己的行为负责。

那天，四岁的库克到我面前来，一手抱着他的小毛毯，一手放在嘴里吸，他说："你可以帮我把摇椅拿进来吗？我需要坐一下。"就这样，他在我身旁摇呀摇，摇了二十分钟，然后决定去画画。

库克一感到很悲伤、很气愤，就会"选择"来到我身旁，用小摇椅、小毛毯、吸手指，来调节自己当下的情绪，直到他再拥有往前走的力量。他能这么做，是库克、助教和我六个月来，共同努力的结果。

PART TWO
情绪

06 教出孩子的同理心

　　为什么小小孩总是那么小气、不大方又讲不听？让父母在亲友面前很尴尬。事实上，对幼儿来说，被强迫分享，所感受到的是剥夺，而不是有能力给予的喜悦。孩子要学会分享，得先从满足"自我"开始。

　　那天一夜未眠，我拖着疲惫的身躯和心事走进教室。不仅说话没劲，连笑容也挤不出来，就这样冷冷的坐在教室一角。四岁的库克站在远远的一方，吸着大拇指，看了我好一会儿，然后搬了一张小椅子，朝我走来："珊卓拉，你是不是有一点伤心？我可以坐在你旁边吗？这样你会觉得好一些。"

　　一时之间，我惊讶的说不出话来。库克就这样坐在身旁、陪着我……从三岁起，他有着数不清的发展问题。我无法帮他解决生理上的失衡，有时候，我能做的，就只是给他个小摇椅，让他摇呀摇，什么话也没说。或者，给他时间，让他静静坐在我身旁……而一年后的那天，他也给我时间，让我静静的坐在他身旁。那一刻，在库克的面前，我成了一个被保护的孩子。

一个能同理他人、爱他人的孩子，打哪儿来？你是不是会常常这样问？

"自我"满足后，才学会分享

家有不大方、不愿意分享的孩子，对父母和成人来说都像是失败的教养，是件不太有面子的事，尤其是在亲朋好友面前。所以，面对小小孩，你是不是常听见，或者也常使用类似这样的肯定句（不是疑问句喔）：

"你就给他玩一下嘛。"

"好乖，你有两个，就给他一个嘛！"

"不可以这么小气，给他一块嘛……"

不管是威胁或利诱，收场却常是：小小孩或撇嘴、或哭着、或难过的、或领赏似的，把自己的东西分给了他人。然而，这样的分享经验，孩子体验的不是与人一同分享的喜悦，而是被剥夺；他懂得的，不是我有能力给予，而是被强迫瓜分。在孩子的发展中，要能了解、乐于或体验分享，得从满足"自我"开始。只有在我、我的……受到重视和保护后，将心比心的主动分享行为才会慢慢发展出来；与你一起分食分玩的喜悦，才会渐渐由心而生。

学会分享的练习：果酱饼干。

从"我",才有可能看见"你";从"我有",才能体会"我也让你有";从"我得到保护了",才会发展出"我也能保护他人"。这不是自私,而是成长必经的发展过程。人要先学会爱自己,才知道如何爱人。

大人是孩子了解世界的窗口

同理心,是种感同身受的能力,有了它,我们才能了解他人的感受和需要。能够了解,也才有爱和分享的基础和能量。而它,不会随着时间自动长大,也不可能有一天自己就长成大树,它是一点一滴在生活中孕育出来的。

小小孩最令人羡慕的能力,就是他们心思单纯像块海绵一样,能够没有偏见的从环境中,吸进任何观看世界的角度、不同的行为模式。所以,在"关爱"环境中长大的孩子,便能学会如何关爱自己和他人;在"批评"环境中长大的孩子,学会的是如何挑自己和他人的缺点。

在孩子成长的环境中,最举足轻重的角色,就是身为父母的,你和我,以及身为老师的,你和我。我们正是孩子了解世界的窗口——孩子从我们的一言一行中,学会面对沮丧和愤怒的方法;也从我们的一举一动中,知道如何分享和体谅。透过我们的眼睛,他们看见了爱或者仇恨。

且让我说三个故事给你听,那是三个在关爱中长大的孩子的故事……

故事一:充满爱的地方

米夏不小心踩空了溜滑梯的阶梯,呼噜噜地跌了下来,惊吓之余,坐在地上大哭。就在我赶紧走向他之前,从四面八方涌来了许多小小的身影,挤在米夏身边,忙着安慰惊魂未定的米夏。

"米夏,别怕,我来了。"

"米夏,我马上去帮你拿冰袋。"

"米夏,我去拿创可贴给你贴。"

"米夏,我妈妈会照顾你,她是医生。"

"米夏,让我看看,我给你吹一吹"

……

听见孩子们满盈的感同身受、关爱彼此,心中不禁在想:"假如有天堂,此刻就是天堂……"

故事二:孩子的心像天堂

近六十岁的玛莉,是我前几年的助教。那天,她递给我一张小小的粉红 N 次贴,上面画着人不像人、动物不像动物的图案,一看就知道,大概是出自五岁孩子的手笔。

"这是什么?"我不解地问。

"今天早上,我心情不好,因为旧疾又犯了,赶火车的时候,也很吃力。安娜一进教室,看我皱着眉头,又慢慢地走,所以就画了这张图送给我。她还说,当你难过时,看看这只快乐的乌龟,它会让你快乐起来。"

我握着这张快乐的乌龟图,心中好感动,忍不住想:"假如有天堂,这个孩子的心就是天堂……"

米夏从溜滑梯跌了下来,其他孩子纷纷跑来安慰他。

故事三：永远拥抱希望的孩子

万圣节是美国小孩最期待的日子。在那天，他们可以装扮成心中崇拜的、恐惧的或希望的模样，沿街要糖。

我站在门口等孩子梳装打扮，八岁的儿子小福全身漆黑，却因为系不上海盗腰带而气急败坏地跑到我面前求救。十一岁的女儿宁宁，则拧着裤头下楼，身上"绑捆"着一百九十公分高爸爸的T恤和短裤，打扮成嬉皮的饶舌歌手，右手提着糖桶，左手却拿着一个橘色的小纸盒。

"你拿那个联合国的捐献盒做什么？"我不解地问女儿。

"我要顺便请大人捐钱，帮助那些穷困的小孩。"

"不好啦，每家的门口都排着小孩，大人也都忙着发糖，没人有空拿钱给你的。"我尝试说服她放弃这个念头。

"一定会有人捐的。"

"没有人这么做的，要是大人说不呢，你不会很尴尬吗？"我想尽理由不让她受挫。

"我不怕，这家不捐，总有一家会的。"

"随便你啦。"我又担心又不高兴地回答她。

天黑了，带他们上邻居的门。我躲在黑漆漆的树影下，看他们敲门，也看他们排队，看一个个小孩要糖，也看见宁宁举起她的捐献盒。果然，一切如我所料，没有人料到会有捐献盒出现在要糖的行列里,我清清楚楚地听见他们说:"我没带钱。"但出乎我意外的,80%的成人,留下要糖的队伍,转身回屋里拿钱,塞进那小小的、已撑胀的橘色捐献盒。

我一路尾随着那小小的身躯,带着希望的微笑,进进出出每一个点灯的大门。是的,有人拒绝她,然而她执着地相信着下一家又会有希望。

没有希望,则明天失去意义;没有希望,则世界没有明天。曾几何时,成人的心已逐渐只能看见当下的事实,不再相信希望,不再相信明天。而且,还会不自觉地打压孩子的希望。

昨天,宁宁建议我,明年春天,当天气又再转暖时,我们三个早点起床,骑脚踏车上学。这样就可以减少开车量,那臭氧层的破洞在2013年或许有机会愈合。"就我们一辆车,有什么用?"我义正严辞地问。"那就从我们开始呀……"

三个小故事,述说着同一个主调:一个能爱人、爱世界的孩子,是从爱护和看重自己开始,而"家",是这个能力的源头。

11岁的宁宁在万圣节那天提着糖桶挨家挨户请邻居捐钱,帮助贫困小孩。

PART TWO

情绪

07 教出体贴的小孩

为孩子"牺牲奉献"时,也要给他机会看到别人的需求,他才会懂得体谅他人,体会爱与被爱的快乐。

有一天班上烤饼干,刚满四岁的丝莉,把一块破碎不堪的饼干留给妈妈。我问她为什么只留破饼干给妈妈?丝莉想也不想地回答:"每次妈妈都拿破的,她喜欢那样。"

丝莉的妈妈就像许多好妈妈一样,总把最好的留给孩子,剩下的才留给自己。但一直这样做,我们却可能没有给孩子机会,去体会自己也有能力,能快乐和仁慈地为他人"退让"。所以,假如我们能适时引导孩子,去认识一个"真实的妈妈"——其实妈妈也喜欢好东西。让孩子有机会去选择退让,那我们为孩子奠定下的,是仁慈的种子。

孩子也需要有机会去体会如何了解他人、为他人设想。

女儿宁宁三岁时,有一天,把午餐的剩饭推到我面前。我一阵错愕,不禁问她为什么要把剩饭给我?她天真地回答:"因为妈妈喜欢吃剩饭!"

就像许多好妈妈一样,我不只吃剩饭,做得多,也睡得少。但一直这样做,我们很可能忽略了帮助孩子,去体会自己有能力快乐和仁慈地为他人设想。所以我们应该带领幼儿认识一个真实的妈妈——虽然她不在意,但其实妈妈也不喜欢吃剩饭。让孩子有机会去了解他人的真实感觉,也让他有机会参与退让的举动,那我们为孩子培育的,是体谅和感谢的幼苗。

带幼儿看见他人的需要

看见他人的需要,是发展同理心重要的过程。然而这种能力,不会随着年龄自动发展。许多大人说:"等他长大了,他就会了解爸妈的牺牲。""等他再大一些,自然就会懂得分享了。"

为他人设想,是爱的反应,但这个反应,并不是年纪愈大就愈成熟,它必须借着无数成长经验的历练和滋养,才会慢慢深刻;它也需要不断地练习,才会变成处世原则的一部分。

这样的练习，在日常生活的互动中，就可实践。比如说，成人能对孩子表达自己的喜怒哀乐，沟通自己的需要，就能让孩子有机会一步步学习如何了解他人的观点、体会他人的心情。也就是从这里，孩子渐渐不再那样以自我为中心，懂得如何妥协，从同理他人的过程中，体会爱与被爱的快乐。

还记得有一天，我在沙发上睡着了。那时四岁的儿子小福经过看见了，就蹑手蹑脚地也挤在沙发的一角，半个身体悬空在沙发外，动也不敢动。我那时心里很感动："我的孩子，看见了一个真实的妈妈。"事后，我谢谢他了解妈妈需要休息，我告诉他蹑手蹑脚的选择，让我觉得他很爱我。看得见妈妈需要的幼儿，会蹑手蹑脚的，好让妈妈可以充分休息；躺在妈妈的身旁，使妈妈高兴，因为他知道妈妈的快乐，就是有他在身旁陪伴。被妈妈爱，让小福满足；爱妈妈，使小福快乐。

四岁的莉丝，是家里的独生女，做任何事都很慢，因为她觉得别人"等她"，是理所当然的。那天，她又不在意地、慢吞吞地穿雪装，让其它十九个孩子等她，我决定换个方向来与她沟通。所以我说："你的朋友们穿上了厚厚的雪装，好热。你假如能穿得快一点，他们就不会那么热，你能帮他们吗？"听到我这么说，莉丝穿得飞快，然后我当着大家的面说:"我知道你喜欢慢慢穿,谢谢你能为了你的朋友们穿这么快,这是仁慈的表现。"有过几次经历后,为他人设想,慢慢地成了莉丝的处事选择,因为那让她快乐。

有一天我们全家人到餐厅吃饭,好菜一上桌,我妈妈就顺手为我那十三岁的女儿夹了一块上好的肉。结果反让我女儿说:"外婆,你不要每次都把最好的先给我和弟弟,你这样,好像我们一直都是小宝宝。"对孩子无谓的"牺牲",有时只强化了他"以自我为中心"的世界观,永远长不大;给孩子关爱他人的能力,他就一辈子生活在感恩惜福中。这最主要的开端,不只是父母无条件的关爱,也在于父母是否有给孩子机会,引导他看见并尊重你的需要。

能看见他人的需要,的确是发展同理心的重要一步。不断给孩子机会,看见也尊重大人的需要,那样的孩子就比较容易体谅他人、关爱他人,更能体会爱与被爱的快乐。这样的例子,在教室里屡见不鲜。

同理心来自引导跟示范

"这样会太紧吗?"五岁的小克两手拉着阿娜脚上的雪靴鞋带,一边抬头问那个三岁的小女孩。这让一旁也在帮小小孩系鞋带,却像做例行公事的老师——我,顿时无言。

四岁的安安在教室里突然放声大哭,我还来不及回过神来,三岁的小茱已经一个箭步,从教室的冰箱拿出了冰袋,连同纸巾交给泪人儿安安,嘴里还说着:"好痛呦!"

懂得关怀他人的孩子,就能一辈子生活在感恩惜福中。

小克有个极为细心的爸爸,他常常向小克说明自己的想法和做法。小茱的妈妈,是个单亲妈妈,常常向她解释为什么得晚一点来接她,也谢谢她的体谅。两个孩子都还小,小茱甚至有专注力的问题,但日常生活环境的滋养,使他们都有一颗宽大体贴的心,能够感受他人的需要,也知道如何提供他们的关爱。

我年迈的妈妈行动不便,走路得拄着拐杖。那天在我小弟家,他那才满三岁的女儿,一看到我妈妈站起来,马上跑去拿拐杖,仰着头叫:"阿嬷,小心!"一时之间,我感动得说不出一句话。

孩子是大人的一面镜子,父母跟老师是影响孩子最深远的人。孩子能从大人的一举一动中学会分享跟体谅,或是学会以自我为中心。给孩子关爱他人的能力,他就能一辈子生活在感恩惜福中。

PART TWO

情绪

08 带领幼儿面对错误

如何让孩子勇敢做自己？方法之一是让他了解大人也会犯错，并从中学习如何善后。

儿子小福快一岁时，有一天中午，他自己拿着小汤匙，把饭吃得桌上、地上到处都是。那天我的心情本来就不好，一看到这么脏乱，就不管三七二十一地大声抱怨："怎么吃得这么脏？做也做不完的家事，烦死了！"被我这么大声一叫，那坐在高脚椅里、专心对付着食物却满脸沾着蔬菜糊的小福，哇的一声，吓得大哭了起来！我的气正要沸腾，突然，眼角撇见在厨房的右边角落，站着一个小小的身影，动也不动的看着我……我责问那个小身影："宁宁，你为什么这样看妈妈？"三岁的宁宁回答："你是坏妈妈！"

弟弟本来就会吃得到处都是,你却要骂他。"

那个小身影,头抬得高高的,义正词严回答我的质问。刹那间,我的气,转成了羞愧和骄傲!我羞愧我的情绪失控、借题发挥,竟这样以发泄式的言语伤害自己的小孩,而他还不到一岁……另一方面,我骄傲女儿的勇敢和直言。不到三岁的她,能看得见谁是谁非?能了解事情的起因和结果?更重要的是,她能"放心"的,以她所能使用的语句("好"与"坏"的相对,是这个年龄孩子用以分类和区别的语言),来说明她的想法和评断。

沟通,始于放心说真话

我把儿子抱下椅子,擦一擦他的脸,对他说:"对不起,妈妈刚刚乱发脾气了!"然后把女儿抱在怀里,也对她说:"妈妈自己心情不好,不应该乱发脾气的,不该说弟弟烦死了!谢谢你这么诚实,勇敢的告诉妈妈心里的话。"接下来,就在我拿起抹布擦地的一刹那,女儿说:"妈妈,我也要擦。"于是我各拿了一块抹布给儿子和女儿,一个蹲在地上擦;另一个还不会走路,所以爬着擦。当然,地是愈擦愈脏,但我的心,却愈擦愈温暖……

在这个小故事里,重点就在这个"放心"说真话!并不是我女儿宁宁特别聪慧，而是她相信"说真话"后，不会让她倒大霉，因为那是沟通的开始。也不是我这个妈妈多有智慧，而是她相信：没有人是完美的，谁都会做错事。孩子是从真实的大人那里，学会对"对与错"的选择，学会如何面对自己的错误，因为那是沟通的过程。

换句话说，要培养一个家的沟通能力，要从成人"有错就反省、道歉"的身教开始。这么做，不但不会让孩子从此不尊重成人，反而让他们相信，每个人都会犯错，沟通是必要的，而与父母的沟通是可能的。尤其是幼儿，在他们的重要人生课题里，正要开始建立：自己是谁？有什么能力？在他们的心理建构里，他们正在挣扎于：我有自治的能力，却惹别人生气，所以好内疚？而这其中最重要的关键人物，让他们相信自己的能力、又不会陷入罪恶感循环的，就是父母的接纳、引领和身教。

幼儿从与成人的互动里，看见自己是被爱的、是重要的、是有能力爱人的。他也从成人的身教里领会，自己和爸妈一样，是个知错能改、能负责任的孩子……让孩子安心当自己的重要条件，就是看见成人也会犯错，了解如何善后（怎么说和怎么做），而他能做得到！让幼儿看见成人的不完美，会让孩子学会"犯错"只是下一个学习的开始，学会原谅和体恤自己、他人。

现在，宁宁快十五岁了，她并没有成为完美的孩子；而我仍不是完美的妈妈。因为在我们的生命中，我们仍在犯错，仍在为彼此对对方的误解和失礼道歉。沟通，是一个永不止息的进行式。

"我是坏孩子！"

有时，大人偶尔的意气用事，不会造成大的负面影响。但大人要有反省力，反省自己的处理方式合不合适。或坦白的说，大人要了解，语言是有杀伤力的！在孩子犯错或造成自己不方便时，切忌对孩子口不择言地责骂，或觉得幼儿的担心是无稽之谈。因为长期下来，那会降低孩子的自尊和自信，让他妄自菲薄，甚至觉得自己是坏孩子。

大人口不择言地骂小孩，也是一种攻击。很抱歉，我不得不用"攻击"这两个字。因为，它直接指向幼儿的自尊，让孩子觉得渺小和一无是处。而它也普遍存在于你我的周围，尤其是对话还说不清楚、个子又小、又没力量反抗的幼儿，不少大人会以："怎么这么慢？生到你真是倒霉！真是笨得要死！"类似这些话来骂幼儿，或更准确地说，发泄自己的情绪。

我相信，许多我们拿来骂小孩的话，绝不会把它用在其他大人身上。说穿了，是不敢这么做！因为那很伤人，会让人愤怒，会惹祸上身。但用在幼儿身上，嘿，他们能怎样呢？直接的言语责骂，会直接伤害幼儿的自尊；那间接无心的呢？班上的亚当，只有三岁，有着天使般的脸庞，但动不动就会用小拳头扁人。

那天指着他带来照相本里的一张相片，相片中的他，脸上画着狮子胡须，我觉得很可爱，但他对我说："我不想被画，但姐姐一直画，妈妈也一直说，别那么别扭。我好恨这张照片！"听到亚当这么说，我觉得很心疼。那时的他，一定有以行动和语言来表达不愿意，但没有人听，也没有人能懂。在别人眼里的超可爱，对他而言却是个羞辱，他无力反击，但他记住了。

从了解出发

因为幼儿太小，能力有限，无可奈何，所以只能忍受那些言语攻击所带来的不舒服，甚至伤害。请看下面的例子：

妈妈："我喂你啦，你看你吃得到处都是，脏死了！"小孩还坚持自己吃……

妈妈："拿给我啦，连拿把汤匙都拿不好。"

就在妈妈硬把汤匙"抢"过来后，孩子哇的一声大哭起来。你假如有机会仔细观察幼儿拿汤匙挖食物的动作，就会知道，要能控制那一连串的动作有多难？幼儿不会一夜突然长十公分，也不可能刹那间变成懂事成熟的小大人。口不择言地责骂，只达到了成人的泄愤之用。伤害的，却是孩子的自尊和自信！

那我们该如何做呢？以"了解"为出发点，就事论事、不以言语攻击幼儿人格的态度来沟通。比如说，接受并了解幼儿本来就拿不好汤匙，所以当他吃得到处都是时，你可以：

- 说明你看到饭菜到处都是，请幼儿和你一起收拾。
- 在气头上时，让自己到另一个房间里冷静一下。
- 不小心失控后，记得跟幼儿说对不起。

扪心自问，你一定还记得自己在当小孩时曾遭受过大人的言语伤害。不管多少年过去，你仍记得那时的无地自容和羞愧。那年在国语课上，我和隔座的同学开玩笑说："这个作者李鸿章，可能是我的曾曾曾曾曾祖父！"老师一听到我的偷笑声，就当众叫我站起来责问，然后不屑地说："你也配！"那刻的羞辱，三十几年了，仍刺痛着。

我们无法操控全世界要如何善待我们的孩子,但至少从你和我开始。我们可以努力:不以言语攻击幼儿的人格,做错了就道歉!

PART TWO
情绪

09 当爸爸妈妈不再恩爱

对孩子而言,家就是喜欢彼此的地方。因此他无法明白,为什么大人的爱说没有就没了?为什么大人要孩子好好处理冲突,自己却不这么做?

家是一个小小孩的全部世界。班上的小斯对我说:"我好害怕,我爸爸不再喜欢妈妈了,我妈妈也不喜欢爸爸。他们会离婚吗?我怎么办?我好希望我的家能和别人一样。"看着他眼里的担心,我的心好痛!

孩子还小,但成人不和谐的关系已经无情地打碎了孩子对世界最初的信任,因为那个他唯一赖以生存的地方(家),随时会崩溃。孩子还小,但成人不再恩爱,将毫不保留地瓦解孩子对家庭关系的信赖,因为他完全信任的爸爸妈妈竟然放弃对彼此的爱!如果连他们的爱都不可靠,那天底下还有什么关系值得信赖呢?

梅根是个话极少的小女孩,去年离开我的教室。她在班上三年,从三岁到五岁,总是眉头深锁,脸上出现笑容的次数,少到数得出来。五岁那年,梅根的爸妈离婚了。有一次,她和我分享了内心的恐惧和困惑。她说:"每次从爸爸或妈妈家离开,我都很生气。"她生气自己只能有爸爸或妈妈,她生气爸爸的大叫、妈妈的哭泣。她很困惑,为什么爸爸和妈妈总是为了她吵架?为什么大人的爱说没就没了?

大人为什么不能好好处理冲突?

成人的世界很复杂,分手的理由,远超过孩子能理解的程度。不论是个性不合、家暴或外遇,孩子都无法理解:大人要我们好好处理冲突,但为什么自己却不这么做?

许多研究发现,成人在分居或离婚的过程里,为孩子所做的解释、安排和努力,一辈子都无法抹去"破裂和放弃"对孩子的伤害。虽然那些在过程中或事后的弥补,都是要孩子了解爸爸妈妈仍旧爱他。但孩子心里最真诚的希望,大多会是"为什么我的家不能和别人一样?"

孩子还那么小,但成人关系的破裂已在他的生命里造成了永远的缺憾。虽然有时候，成人的分手是必要的，让人把那些陷入黑暗深渊、痛苦的关系解除，有新生的机会。但也有些时候，成人分道扬镳，是因为放弃沟通。

"沟通"这两个字很有意思，我很喜欢把这两个字倒过来想：通沟。沟里的滞塞物不清除，水流就无法顺畅，日积月累后，那条沟也就成了臭水沟。正如婚姻关系里的两个人，想法不同是必然，假如不常常互相聆听，建立彼此的共识，不满和误解就会愈积愈多，直到两人的关系变成臭水沟。

T是我最好的朋友，他和他的伴侣结婚二十一年了。十二年前，他们陆续从柬埔寨领养了两个孩子，老二小彬三年前是我的学生。我记得很清楚，开学第一天的故事时间，我念了一本关于"家"的书给孩子们听。这本书介绍很多不同类型的家庭，打破一般人对家的刻板印象。小彬举手说："我没有妈妈，我有两个爸爸，他们都很爱我。"那天起，T的家改变了我对"家"的认识和看法。我问T："为什么你的婚姻可以维持得这么好？"他说："我不知道我们的婚姻算好还是不好？我们的个性很不一样，但我们对家庭的核心价值，看法一致，而且二十一年来一直身体力行。比方说，我们永远都是'family comes first'（以家庭为优先）。我们每天都会谈心，跟对方分享今天的工作和发生的事。"

我想在T的家，"谈话和聆听"已成了日常生活习惯，沟通就像空气一样的自然。每回我去他们家吃饭，通常他们"斗嘴"不超过十句，就会有一方打住，争执也就结束了。我问他们为什么可以做到这样？他们说："我们已经把自己想说的重点都表达了，还有什么好吵的？"对他们来说，斗嘴不是为了吵架，而是说出自己的想法。若能了解彼此的想法，就比较容易互相协调和建立共识。

幼儿不是从责任上来理解家庭，而是直指情感的核心，来界定家庭的存在。

仔细听小彬与同学闹意见时的语言和表达方式，就知道他来自一个和乐的家庭。小彬和其他五六岁的幼儿一样，会告状、会推卸责任，但不同的地方是，当他碰到问题时，他会习惯说："我们需要谈一谈！""我觉得很困惑，你说……"对小小年纪的孩子来说，以问题为导向的沟通模式，早已在他心中慢慢成形。

没有了喜欢，也就没有了家庭

班上四五岁的孩子们，常常会说："我要和你结婚。"我问他们为什么要结婚？答案一致都是："因为我喜欢她（他），她（他）是我最好的朋友，我们喜欢一起玩。"我常常想，幼儿对家庭关系最重要的认识大概就是"喜欢"吧。而幼儿对"喜欢"的定义应该就是，能不能一起玩？能不能互相了解和沟通、有没有共识？所以当孩子听见爸爸妈妈一天到晚吵个不停，不能跟对方好好说话，就表示他们很讨厌对方，不再喜欢对方了，孩子自然会担心家庭破碎。没有了喜欢，也就没有了家庭。

幼儿们并不是从责任上来理解家庭，他们是直指情感的核心，来界定家庭的存在。而放弃了沟通，也就是放弃了喜欢。所以幼儿们不是从血源上来认识家庭的实体，而是以实际的互动,来确定家的存在。

十四岁的女儿宁宁对我说:"我班上近三分之二同学的家庭,爸妈都离婚了。所以离婚也没什么啦!"我听了吓一大跳。从什么时候起,我亲爱的宝贝,对婚姻关系有这么消极的认识?我追问:"那你觉得他们的爸爸妈妈,为什么会离婚呢?"宁宁回答:"有的是因为他们不再喜欢对方,喜欢上别人。有的是他们觉得不喜欢彼此所决定的事,不想再沟通了……"

不管四岁或十四岁,对孩子来说,喜不喜欢彼此,是家的定义;能不能沟通,就成了"我的家庭是否快乐?"的决定因素。

我的小家庭,是我人生中最重要的世界,它也有好多的问题。我无法对我的小孩承诺它会是完美的,因为他们的妈妈有好多缺点,他们的爸爸也有他的软弱。但他们的妈妈和爸爸是这么爱他们,所以"是的,爸爸和妈妈会一试再试",那是我们的承诺!

PART THREE
安全感

给孩子固定的生活时间表
过节,让孩子与家紧紧相连
种下信任、有趣与感谢的种子
如何帮孩子克服恐惧?

PART THREE
安全感

10 给孩子固定的生活时间表

你的孩子是不是在出门前一定要做某件事？睡觉前有一定的活动程序？吃饭前也非得完成某个活动不可？不少父母都对幼儿这样的"无法变通"和"麻烦"感到困扰和不耐烦。其实，这些一个步骤都不能少的活动，正是婴幼儿脑部建立"了解世界"的重要方式。

开学后的第二个星期，欧文妈妈约我谈话。她说："欧文早上都哭叫着不让我离开学校，我想是因为他不习惯一大早看到那么多孩子。从明天起，我会早点叫他起床，好让他不但完成早上在家中的一切活动程序，也早一些送他到学校来。你觉得这样好吗？"

就这样，欧文每天早上总是从从容容的，抱着他的猴子乔治，在七点四十分左右走进教室。他的程序，总是先放好午餐盒，脱掉外套并挂好，然后笑着问我："你在做什么呀？"与我简单的对话后，随着妈妈或者爸爸，走向早晨的托儿中心。这个不变的程序，让他很快适应了新环境。

　　欧文妈妈很有智慧。倒不是说她读了很多育儿锦囊或者拥有很高的学位，而是她很了解幼儿。她了解她的三岁儿子，对每天的生活有一定的运作程序，那是孩子的需要！她也清楚她的孩子无法掌控环境的改变，所以她改变自己的作息，切实执行："给孩子一个固定的生活时间表。"

　　固定的生活时间表，不但能提供婴幼儿了解世界是如何运作、而他自己又该如何运作的智力成长，也能帮助他们建立信任环境、信任他人的安全感。

规律，是幼儿情绪成长的需要

　　你的孩子是不是在出门前一定要做某件事？睡觉前有一定的活动程序？吃饭前也非得完成某个活动不可？我遇见不少父母，对幼儿这样的"无法变通"和"麻烦"，感到困扰和不耐烦。

　　但请成人想想，成人的生活程序其实很复杂，充满许多变化。为了完成手边所有的事，成人可以、也必须弹性地调整生活的秩序。但依赖大人生活的幼儿，在大人的变动步调下，并不知道接下来会发生什么事。他们唯一能让自己知道下一步要做什么的，就是依靠生活中的固定事件，来掌握未来。

想想看，幼儿在托儿所里，是不是常以同样的逻辑，问着类似的问题。例如，为了想要妈妈赶快来接他，所以不断地问："是故事时间了吗？"因为他知道故事时间后，妈妈就会来了。"不可测"的变动性，让幼儿担心，也让他无所适从。相反的，能预测接下来会发生什么事，会让幼儿安心，也让他相信"等待"。

也因为婴幼儿还不具有真正的时间概念，所以他们唯一能掌握的，就是"此时此刻"。假如此时此刻该发生的事没发生，对他们而言，就表示"没有或失去"。那样的突然失去，让他害怕，也让他感到失控和无力，没有安全感。所以贴心的父母，要尽全力使幼儿的生活作息维持一定的规律。细心的老师也得绞尽脑汁，尽力让生活中的大小事件依循一定的程序。

成人设法维持一定的作息规律，小孩才能确知接下来会发生什么事。比如说，他知道吃完早餐后，妈妈就会带他去散步。也正如每个小小孩都有一定的起床程序，不管是要妈妈先抱一下，或是要爸爸搔他痒。这些固定的程序，从开始到结束，一个都不能少。少了一个步骤，会让他不安和焦躁。让孩子能放心的等待，有信心的期待，这就是安全感。

对幼儿来说，生活中的固定事件，正是安全感的重要来源。

不变，是幼儿智力成长的需要

三岁的妮可是个很黏妈妈的孩子，但从妮可第一天上学开始，妈妈就与她约定好一定的"说再见"程序。妈妈问："谁是我最爱的宝贝？"妮可说："是我。"妮可坐在妈妈腿上，妈妈慢慢地数到十后，向她说："听老师说完故事后，妈妈就来接你回家了。"

两个星期后，妮可已经可以含着泪，跟妈妈说再见，走进教室。没有挣扎，没有不确定，只有不舍。没有挣扎，所以她能够很快的信任环境。没有不确定，所以她可以很快的在学校重新找到生活目标，尽兴的与同伴一块儿玩耍、一块儿学习，一切程序都是固定且规律的。

站在幼儿的立场想想，他的生活经验这么有限，外在环境对他而言又是如此复杂。想要适应得好，他在智力的能力上，就必须要能掌握生活事件间的关联性？也要能理清因果之间的秩序？日常生活的固定作息，正好提供了婴幼儿这样的脉络，帮助他们整理出："先这样，就会那样……"的生活秩序和规律。所以掌握规律，正如在脑中建立智力的道路。

有了"道路"，幼儿就能掌控自己会去哪里？会是怎样的？会有什么？所以自己该做什么？

比如说，许多幼儿一不小心碰撞后，就会要求贴创可贴，因为他从数次的受伤事件里，掌握了大人处理疼痛的方式，是贴上创可贴。贴上创可贴后，伤口就会没事了！就因为掌握了处理受伤的规律，所以当幼儿遇事时，就能依循已筑好的处事道路。

从固定事件中掌握规律，幼儿也慢慢了解了外在世界的互动方式。比如说，做错了就说对不起，受惠了就要表达谢意。愈能掌握外在世界的互动方式和规律，孩子愈能预测外在世界的"变动"，就愈觉得有安全感和能力，慢慢地学会如何"处事"。例如，他知道爸爸用力抱他后，与他划个手拳，他就得跟爸爸说再见，随老师进教室。一定的程序，让他不用猜测、不需斗智。因为他知道，爸爸真的得走了，但一定会在"故事时间"后来接他。这就是信任自己、信任环境的处事态度。

班上六岁的布莱恩在作文中写着："我每天早上一张开眼睛，就知道妈妈在楼下做早餐、狗狗在外面尿尿、爸爸已经去上班。我爱我的家。""不变"，真的是一种幸福。愿全天下的小孩，都能在安全感中张开眼睛，在信任中下床。

我那十三岁的女儿宁宁，至今睡觉时，仍坚持要抱小被被。出门坐校车前，也要妈妈帮忙梳头发，一个程序都不能少。但对十三岁的她来说,这些程序,已不像幼儿需求般的"不能少",而是她喜欢也希望"不要少"。

不变,是幼儿的成长需要;不变,更是一种幸福的承诺和感受。

不变的生活规律,有助幼儿在脑中建立智力发展的道路。

PART THREE
安全感

11 过节，让孩子与家紧紧相连

节日对小小孩的意义是什么？是礼物？还是全家欢聚的日子？节日对幼儿而言，是与"家"紧紧相连的！因为家，让他永远有信心、给他不变的承诺，学会彼此相爱。

那天一到学校，还来不及放下手提包，小小的普丽、莱拉、欧文，东钻西扭地垫着脚尖，塞给我一张张他们画的圣诞卡，同声说着："圣诞快乐！"卡片的内容也很一致，都是微笑的脸呀、心啊、花的。我心里除了感谢外，不禁在想："小孩对节日的感觉，就像过生日一样。作品的表达方式也都很一致，都那么快乐！共度节庆，对幼儿来说，为什么这么重要呢？"

有一天，我正清理书房，在堆积成山的纸张、书本和文件里，发现女儿宁宁从四岁开始，不断写给我和她爸爸

让孩子
安心做自己

的"情书"和感谢纸条。不管纸张大小,或是否是重要节日,纸条上写满的是一句又一句的"谢谢"、"妈妈我爱你"、"爸爸我爱你,我好想你"。在纸上飞舞的,也总是微笑的脸呀、心啊和一朵朵的花。从四岁到十四岁,从歪歪扭扭的字迹到工工整整的书写体,变的是她的心事;不变的是那专一、持久,"妈妈我爱你"、"爸爸我爱你"那些来自心底的爱语和依恋。

以前,看见那些一成不变的内容,我总会建议孩子做些文辞或图案的变化,例如:"你可以写或画……呀?"此刻我方才明白,幼儿使用如此固定的语词和图案来描绘内心世界,不是因为没有创意,而是那些语词和图案已成了孩子世界里的特定符号,有特定的意义和情感。

放圣诞新年假的前两天,我们班上举办了圣诞晚会。家长和他们的亲朋好友将小小的图书馆挤得水泄不通。孩子们表演完后,照例,我都会说上一段不短的感谢词。今年我一反常例,感谢词只有三句,我选择一一念出我在表演前访问孩子们的话。

我问孩子今年的圣诞愿望,以及想感谢什么?他们的回答很简洁、单一,不外乎:"我想感谢妈妈/爸爸,因为我爱他。""我想感谢妈妈/爸爸,因为他给我圣诞礼物。"

这些话听起来，一点儿也不新奇，也不充满救世情怀；甚至你可能会认为："孩子这么小，怎么这么世俗化？答案如此一致？"事实真是如此吗？

过节，不变的承诺

节日的意义究竟是什么？工作的我，把它视为假日，不用上班；当老师的我，把它和历史意义与教学课程划上等号；当妈妈的我，把它视为该放什么装饰品的日子。"节日"对许多大人来说，只是一项例行工作，而这项例行工作有没有价值呢？此时，从幼儿的角度看，我才看到"节日"的重要意义，也领悟了一件事：幼儿心目中的节日，总是与"家"紧紧相连的！

因为有家，每到节日，总有人为他张罗特别的事物，带他逛特别的市集，让他吃特别的食物。因为特别的形式，每个节日都有它特定的传承意义；因为有人特意张罗，每个节日都有独特的家庭记忆。家陪伴孩子，度过童年的每一个节日，走过年少的每一个特别日子。家，让他永远有信心、给他不变的承诺，学会彼此相爱。

在信赖中建立信心

与家人欢度节日，成了一个有信心的等待。因为孩子知道，在那个节日，爸爸妈妈会张罗一样的事物，让全家大小对节日的期待，得以共同实现、共同完成。四岁的妮可对我说，"昨天爸爸妈妈把圣诞树买回来，我们全家一起把它装饰好。妈妈说我从小宝宝开始，就会帮她挂铃铛了！"看妮可开心的样子，我了解到"节日"中不变的形式，建立了孩子对家的信心，相信他们的期待，都会年复一年的实现！

在信赖中相信承诺

与家人欢度节日，也成了一个不变的承诺。孩子知道，在那个节日，他一定会收到爸爸妈妈给的特别东西。五岁的路克，在回答我的问题时说："我想感谢妈妈，因为她会给我圣诞礼物。"基于好奇，我问他："你一定会有礼物吗？"他想也不想，坚定的说："妈妈说会就会，你可以信任她。你也可以相信圣诞老公公，他也从不忘记我。"听这个孩子对家人、对世界的信任，我了解了节日中的重要角色，不是礼物，而是成人的用心。大人对节日的用心安排，让孩子明白有人是这么的爱着他们。而那种爱，永远可以信任。

听完路克的解释，我想到自己的妈妈。直到现在，不管我在多远的地方，每到节日，我一定会收到妈妈寄来的特别包裹。二十几年来，我都得费力的打开那裹着一层又一层报纸的快递，因为妈妈要我吃到最完整的月饼、最新鲜的肉酥……

节庆的种种仪式代表了不变的承诺，建立起孩子对家的信心。

在信赖中学会彼此相爱

与家人欢度节日，也成了一个学习彼此相爱的机会。以前的我，对每个节日要安排孩子们制作送给爸妈的礼物和卡片，只觉得是例行公事，并不抱太大的热情。直到这几年来，重新回首看十四岁的女儿和十二岁的儿子，从三岁上学开始，做给我和他们爸爸的礼物（像圣诞吊饰、母亲节别针……）和卡片，才突然意识到美国学校教育，从小就重视引导孩子在节日时为家人付出的深远意义——不只"受"、也要能"授"；从小处，就引领孩子了解，不要认为别人对自己好是理所当然，而是要从自己能力范围所及力行感恩。

前几天，我去百货公司为家人和班上孩子挑选圣诞小礼物。我并不孤独，因为有许许多多和我一样的人，心里都记挂着谁需要什么？谁喜欢什么？顿时，我觉得我与那些人心灵相通，我们都在述说一个最珍贵的幸福："我爱我的家。"在这个多变的世界里，我们无法向孩子保证一个无忧的未来，唯一能许诺的是："在我有生之年，我会带着你走过每一个平凡和特别的今天。"

平淡中的隽永和幸福

前阵子，我常常抱怨先生，为什么不写些像网络"爱情语录"般的深情文字给我，连抄都不会抄。现在想来，自己好笨。真正的爱语，来自内心。心底深处的爱，像活水源泉，不需刻意思考、也不用强加修饰；真心的话，自然会流露。就像孩子一再重复写"妈妈我爱你"、"爸爸我好喜欢你、好想你"等话语，表达着孩子对爸爸和妈妈单纯、不变的爱。

看着手机里，远在台湾的先生传给我那读来一点也不浪漫的简讯："为我们保重。"心中刹时懂了，我就是他和孩子的家，他就是我和孩子的家。人世间，还有什么会比家人的爱更坚强呢？夫妻间真实的爱，是在柴米油盐酱醋茶中逐渐实现；亲情间的爱之语，是以平淡无奇的语言，在一天天的生活中、在每一个共度的节日里共同落实。

PART THREE
安全感

12 种下信任、有趣与感谢的种子

孩子不同的反应来自不同的家庭教育。灌溉信任,他相信自己会是好孩子;灌溉有趣,他成为欢乐的源泉;灌溉感谢,他学会尊重。

家,是最安全、爱你最深的地方;但也可能是最脆弱、伤你最重的地方。最安全,是因为在里头的人,会尽一切力量,不让你挨饿受冻。爱你最深,是因为他们会毫无条件的,在你光荣时,为你喝采;在你羞愧时,抱你回家,总是站在你的背后当靠山。

家,是一个成功或失败的大人(和小孩),最想回去的地方。最脆弱,是因为在里头的人,与你的关系最亲密,一旦信任被破坏,比什么都难修复。伤你最重,是因为他们看不见你是谁,常让你觉得自己是失败的、是什么事都做不好的、甚至是丑陋的；而且这个影响，或许是一辈子。

家，也可能是一个需要分享或安慰的大人（和小孩），无法去的地方。

你给家人的"家"，是安全还是脆弱的？是爱他最深或是伤他最重的？你可以掌握，但并不容易。一个家就好像是一棵大树，需要长时间去成长，却不会自然长好，它需要经年的、有心的灌溉！

灌溉"信任"

你是怎么看待一个人的，那个人与你的关系，或甚至他会如何看自己，就会往那个方向去发芽、成长。对正在建构"自己是谁"的幼儿来说，更是如此！

开学第一天，史蒂夫的爸爸在离开教室前，对四岁的他说："记住，不可以使用暴力。"果然，五分钟后，史蒂夫开始绕圈圈、踢桌子、对我的助教大吼："我恨这里、我不喜欢你。"史蒂夫是过动儿，分不清楚你我之间的界线，块头也大。所以他会不断地动来动去，把别人的东西当做自己的；只要轻轻地把别人一推，那个人就应声倒地。但我相信，这些都不是让史蒂夫变成他爸爸口中"暴力"的主要原因。

史蒂夫的家庭关系虽然很复杂,但确切一点来说,在他周围的人,是以"坏孩子"的标签来看待他的行为和想法。这让史蒂夫相信自己是什么都做不好的孩子,甚至偏差地认为自己只有在别人给他奖赏时,才会听话。

我们无法改变他的家庭环境;我所能做的,就是在学校的那八个小时里灌溉他是"好孩子"的种子。我们为他的过动,准备了特殊的小设备,比如坐枕、摇椅、压力球……帮助他指认压力,也让他的压力有合理和安全的疏解途径。

他认定自己是坏孩子,所以我们很清楚的带领他去区分"行为"和"爱"是不同的两件事。也就是说,让他知道:我们爱他是没有条件的,但他的行为却有"合适或不合适"的区别,而行为是可以改变和选择的。比如说,那天他一把推倒正在骑三轮车的小孩。于是,我和他的对话,便很简短的绕在几个重心上:

指认想法和情绪:

"史蒂夫好想骑三轮车,对不对?"

直叙行为的本身:

"但现在小强在骑,你必须等待。"

"你选择推人,这个做法是不恰当的。"

赞赏努力和爱的再确认:

"我知道等待好难，但你做得到。来，我陪你一起等。"
"你看，你做到了。"
"我很爱史蒂夫，但选择推人的做法是不恰当的。"

我和助教有心的灌溉了一年，在史蒂夫离开学校的前一个月，他问我和助教："为什么我只有在这里才是好孩子？在别的地方我都是坏孩子？"我无法改变他的成长环境，但至少在他内心深处埋下了一颗善良的种子。

不管你的孩子有什么人格特质，灌溉信任，他就会往那儿发芽、成长；灌溉怀疑，他也会朝那个方向看待自己、建构自己。对幼儿来说更是如此！

灌溉"有趣"

大人尽力照顾好孩子的饮食起居，是孩子的福气；能与孩子玩在一块儿，孩子体会的、建构的，则是人生的乐趣。

永远记得那一天，我躺在沙发上小憩，当时五岁的小福和七岁的宁宁，拿了件毯子盖在我头上。就在他们掀起毯子的刹那，我扮了个鬼脸。他们两人愣了几秒后，哈哈大笑，抱住我说："妈妈，我们好喜欢你那么顽皮，好好玩呦！因为你平时太严肃了，很少捣蛋、也很少跟我们玩！"

如当头棒喝般，我突然了解，自己虽然尽职的照料好孩子的饮食起居，也不荒废进行"教育的目标"；但我太严肃了，把孩子和我之间划上了两条平行线。在严肃里，我只看见大人的教育目标跟孩子的未来。划上了平行线，让我看不见此时此刻孩子是谁？喜欢什么？生活中虽然有目标，却少了有趣和幽默。

有趣和幽默就像强力吸铁磁一样，令人无法抗拒，让人想靠近；让一家人想到对方，就想微笑，也会想花时间在一起。"欢笑"是一种能量，这个能量把"家"变成了快乐的源泉。"有趣"是一种用心，用心了解对方，想让对方开心，于是"家"成为了一个窝心又温暖的地方。有了这层体会，我才了解为什么每回问班上的孩子们："你为什么爱某某某？"他们的回答也常常是："因为他（她）很有趣！"

至于，要如何灌溉有趣的生活？关键就在：从孩子的眼中去看世界，让孩子的欢笑指引你。只要有心，你就会体会出孩子或伴侣喜欢什么、如何和他玩，让他一想到你，就忍不住微笑。

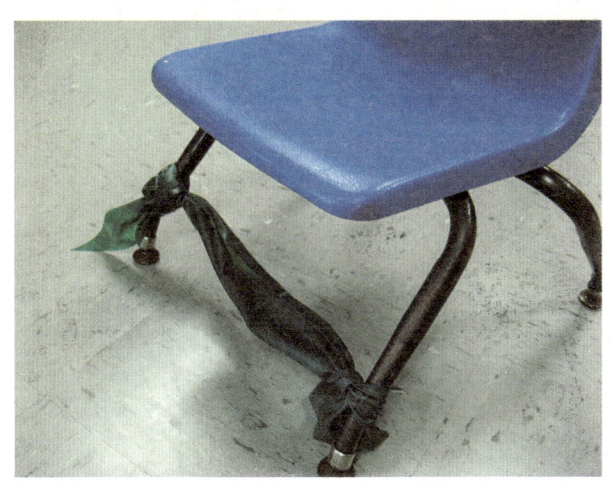

孩子可以动脚的压力椅。

灌溉"感谢"

没有感谢,就没有尊重;一个家庭里少了尊重,爱就无法深远。我们感谢地球,就会尊重地球的资源;感谢伴侣,就会尊重他为我们所做的一切,不视为理所当然;感谢孩子的独特,就会尊重孩子是谁,不把他们当成"延伸自己"的资产。

六岁的罗杰不能解读同龄男孩的游戏方式,却与三岁的小女孩们玩得很融洽。我除了带领他了解互动的线索之外,也鼓励他与小女孩玩,因为那是罗杰了解社会互动的重要第一步。但这个做法,却引发了他父母的不满。他们认为,他得尽早进入同龄男孩的社交圈。他们把罗杰喜欢享受独处的满足,解读为孤独;把他与小女孩们的相处,看成是他被其它男孩排挤。他们的解释,让罗杰很难受,也很不安。

罗杰生命中最重要的成人不能看见他是谁,就很难尊重他有什么独特的人格特质和特殊的成长道路。这会让罗杰无法安心的当自己,也可能阻碍到成人提供适当协助的机会。

或许你不想听,但很多时候,你我可能正是造成他人不快乐的原因。正如父母,有可能是孩子不快乐的原因。

五岁的艾登对一个小孩说:"我妈妈说这种饼干是垃圾食物。你吃了就会像我奶奶抽烟一样,会死掉。"艾登的父母很严格控制他的饮食,养成了艾登动不动就批评其它孩子的点心和午餐,也对"用餐"这件事不感兴趣。矫枉过正的结果,导致孩子无法对食物产生感谢和快乐的感觉。而"食"正是人生最基本的快乐之一呀!

同是四岁的布莱恩却有不同想法,或确切来说,他有不同的家庭教育。布莱恩说:"小鱼饼干来自磨好的面粉,面粉来自农夫种的麦子。妈妈说要是小鱼饼干能少放一些盐，那吃起来就更健康了。"感谢的态度，让大人、小孩不把地球的资源和他人的供给视为理所当然；感谢的态度，培养的是懂得尊重、也能判断是非黑白的小孩。

　　灌溉感谢，从哪儿开始？就从我们口中的那口食物开始；从伴侣牵着你的那只手开始；从小小孩气急败坏、却仍坚持自己穿袜子的努力开始……

　　与我牵手，已共同走了十五年的先生对我说："爱要有真心，也要让你开心。"那个开心，就是有心的灌溉。这不容易，但值得我们用一生来耕耘！因为家，是最安全、爱你最深的地方。

只要有心,就能体会出孩子或伴侣喜欢什么,让他一想到你就忍不住微笑。

PART THREE
安全感

13 如何帮孩子克服恐惧?

如何克服孩子的恐惧,让他勇敢跨出第一步?当幼儿害怕,让他知道大人会等待,不会撒手离开。大人愿意等待,对孩子来说,代表大人接纳他的挣扎;孩子安心,才能跨越心中的恐惧。

"我的孩子是不是像颗草莓,一碰就会瘀青受伤呢?"直到今天,每当思考该如何处理孩子受挫时,我都会问自己这个问题。

下午放学后,我在教室里整理碗盘。七岁的梅根悄悄走进来,低着头说:"我想念你!我可以在这里待一下吗?"正如她三岁起,我们就有的默契,我张开双臂,紧抱了她一下,说:"好呀!我就在这儿等你。"就这样,梅根在图书角待了十分钟,直到哥哥来接她。

梅根跟了我三年。她来自一个不快乐的家庭,眉头老是锁得紧紧的，也拒绝尝试任何新事物。我花了三个月才让她开口说话。在那三个月里，我不断以言语来说明她的情绪和想法，让她知道我会尽力了解她，也帮助三岁的她了解自己。比如，她不愿意上厕所，因为她害怕门会关上。我就对她说："我知道梅根怕门关起来，但上厕所是隐密的事，应该把门关上。我知道你害怕，那你留个小缝，我在门外等你。"就这样，连续两个月，每次她要上厕所就留个小缝。她总从缝里看我是否在那儿？而我也总说："我就在这儿等你。"慢慢的，我愈离愈远，让她在安心的基础下，放心的关上了门。

我并没有因为她害怕，就顺从她的害怕，让她不关门，因为那反而阻挡了孩子尝试的机会，并强化她的害怕。换句话说，为孩子挡住害怕，反而剥夺了他经历畏惧的过程。适度的经历那些过程，不但不会摧毁孩子的自信，反而会让孩子面对生命的勇气，慢慢发芽。我也没有高高在上的批判孩子的害怕，或否认她的情绪和想法，硬要她赶快勇敢。相反的，我不加评断，直接指认她的情绪，进而提供合理的方案，让她尝试新的开始。

我善用了幼儿必须看见成人在旁边，或需要成人以肢体动作（例如拥抱）来增强信心的心理特性，所以提出"我在门旁等她"的保证。让幼儿知道,在面对害怕的路上,成人会等待,不会撒手离开。大人的等待对孩子特别重要,因为那讯号是"接纳"——接纳他决定放手一试的挣扎过程。不夺走孩子决定是否要放手一试的过程,生命的韧度,才有机会缓缓增强。

不剥夺孩子经历畏惧的过程,面对生命的勇气就会慢慢发芽。

不夺走孩子挣扎的过程

两岁十个月的普莉,在教室够不着水龙头,在操场也踩不动任何三轮车。开学三天了,她只愿意待在我身旁,看着其它孩子上上下下溜滑梯。第四天,她看着我,慢慢的走向滑梯的阶梯。每爬上一步,就看我一眼,直到爬上了滑梯的顶端。

她的脸庞写满了畏惧,眼中充满了担心。我走向滑梯底端,仰头告诉她:"我知道你害怕,坐下来,慢慢往下滑,我在这儿等你。"我们相互对看,我等着她的挣扎,直到她从上端轻轻滑下来,我们的眼光从未离开对方一刻。从普莉又笑又怕的表情,我知道她信任我的"等待",因为我肯定她的害怕,没有剥夺她经历畏惧的过程。她信任我的"不放弃",因为我允许她的担心,没有夺走她要不要放手一试的挣扎过程。

不剥夺孩子经历畏惧的过程,孩子面对生命的勇气,便会慢慢发芽。不夺走孩子放手一试的挣扎过程,他的生命韧度,会缓缓增强。虽然成人的陪伴和等待是关键,但允许孩子经历适度的畏惧,则是爱和智慧。

不挡住孩子面对害怕的选择

那年冬天,雪下得好厚。几天下来,操场上不只盖满大雪,也结了厚厚的冰。孩子们迫不急待地要去操场上玩雪溜冰。但对卡伦来说,可不是这样的。

听到我宣布要到外面玩,卡伦就哭了。问他为什么?他就一直哭:"我不要摔跤,我不要摔跤!"当其它十九个小孩忙着穿雪衣、雪裤、雪鞋时,我只得先把放声大哭的卡伦抱到怀中,安抚他的恐惧。等他哭声稍减,我说:"珊卓拉老师必须带你们出门,荷莉老师没办法一个人带十九个小朋友。别担心,到操场时,我会一直牵你的手。"有了这个协议,四岁的卡伦很快着了装。当然,到了外头,我也遵守我的承诺,一直牵着他的手。

整整三十分钟,他一步都没有离开我,我也没推开他,但我一直注意他的观察,用问题来帮助他了解自己。比方说,顺着他的眼光,我知道他在笑那几个以鸭子姿势滑在冰上的孩子。于是我说:"他们玩得好开心对不对?冰好滑哟,因为冰滑,所以才能滑得那么快呢。"就在这零星的对话中,回教室前,我注意到卡伦一手拉着我,而脚已经开始来来回回地在冰上滑来滑去。

隔天,到户外前,卡伦跑到我面前说:"你会拉着我的手对不对？"我对他点点头，他放心的穿好了雪衣出门。到了操场，我先去开围栏的门，让那些迫不急待的孩子们陆续通过，直到只剩下他。

我和卡伦两人，大概隔着十步的距离，我只说："我站在这里等你哟。"然后故意侧过头去跟助教说话，给卡伦挣扎的时间、给他面对害怕的选择。因为我知道在那个刹那，过多的言语（比如说："别害怕，你是大孩子了……"）只会增加他的恐惧，提醒他的忧虑；一直注视着他，也可能强化他选择依赖。短短的一句肯定，反而能让他安心；不但安心有人接纳他的挣扎，也安心没有过多的选择让他彷徨。

正如我对卡伦的了解，他等了一会儿，就一小步、一小步的走向我。等他到我身旁时，我还没开口，他已手舞足蹈地说："我做到了！我做到了！"十分钟后，他已加入"鸭子"滑冰的阵容，笑得人仰马翻。

不阻碍孩子面对失落的畏惧

看着孩子从跌倒中长大，从眼泪里成熟，对父母来说，是很舍不得的。某天翻到女儿宁宁在五岁那年，为我父亲所画的几张挽联照片。画中的宁宁自己，泪流满面，在外公的棺木旁，她则画满了爱心和花朵。画挽联，完全是她自己的主意。她说："我要跟外公说我很爱他，我要画画给他，说再见。"

如何让孩子面对至亲的死亡，我们的传统有好多禁忌。而其中一个假设点是，我们认为孩子无法处理对失落的恐惧，好像只要大人不说、不让孩子看见、听见，孩子的恐惧就会减低？但我们忽略了两个事实。

首先，孩子并不会因大人不说，就停止寻找答案。因为孩子的经验少，所以来自他们自己的解释，通常会带来更大的恐惧。比方说："一定是我不乖，所以他气死了。"第二，"至亲突然不见"其实比"好好说再见"要来得可怕。突然不见，像是被丢弃；好好说再见，则有一个完整的结束。有了结束，才有新生的开始。

有了这个认识，那年在处理父亲丧事的过程中，我和我妹妹决定带着宁宁，让她完整、慢慢的走完向外公说再见的路。我们带着她诵经，我妹妹更以一个纸盒和娃娃，对五岁的宁宁解释外公的身体到哪里去了。因为有了说再见的过程，宁宁对失去外公没有恐惧，只有怀念。还记得丧礼后，我们回到美国，有人送宁宁一颗气球，但上车前的一瞬间，宁宁把它丢上天空，对我说："我要把气球送给外公玩……"

不剥夺孩子经历畏惧的过程,他们面对生命的勇气,会慢慢发芽,那是我的见证。

PART FOUR

发展与学习

允许孩子说错话
幼儿该不该学写字?
看见幼儿的创造力
读绘本学英文有用吗?
培养自信的小孩

PART FOUR
发展与学习

14 允许孩子说错话

担心小孩讲话"怪里怪气"？为何幼儿讲话发音不准，用字错误百出？给他学习的时间，也允许他说错话的尝试，孩子自然而然学会正确使用语言来表达跟沟通。

每年，总有忧心忡忡的父母问我："我的小孩已经四岁了，为什么还有好多发音发不正确。不管我怎么纠正，她就是改不过来。""我的小孩说话文法不对。不管我教他多少次，他就是学不来。"

听到这些问题时，我脑海里总浮现出那些孩子的"努力"。他们那么努力，想把音发好，比如说，想发出"kache"的音，来说"卡车"。于是瞪大眼睛、全神贯注、用力先说大人教的："ka、ka、ka"，但无奈紧接在后，发出的却仍是"塔车"，而不是"卡车"，令大人泄气。

又例如，孩子想告诉大人："I ated an apple."（我吃了苹果）。一听见这错误的时态时，大人总忍不住说："不，不是 ated，是 ate。"（英文"吃"的过去式，属不规则动词）于是，孩子努力的重复说大人教他的 ate，但五分钟后，他还是用 ated 来陈述时态。

从"错误"的角度出发，大人常会不经意的，以完美的、高高在上的姿态，去检查和纠正孩子的一言一行。所讲究的，是大人教导的效果；而孩子体会到的，只有成功或失败的选择题。若从"尝试"的角度来看，大人就比较容易用尊重的态度，来欣赏幼儿在语言学习上的步步进展、层层努力。所关注的，会是了解幼儿在语言发展上每个阶段的成就；而孩子体验的，则会是不断的试验和修正、开放的自我教育过程。

不轻易评断幼儿所说的话

当我们想否定一个人时，最有效的工具，就是否定他的思想，让他觉得自己怎么想都不对。而我们之所以知道对方的思想，就是根据他说出来的话。大人在听另一个大人说话时，绝不"敢"动不动就纠正对方的用语错误，最多是以"澄清"的方式说："所以你的意思是……？"但许多大人听小孩说话，可就不是如此："怎么连这个音也发不清楚呀？你是不是大舌头呀？""我孩子说话'怪里怪气'。""再说一次，你说什么呀，我实在听不懂？"

"要说'我想吃'，不是'你想吃'，我和你怎么搞不清楚呢？"

"这不是狗啦，是牛。我不是跟你解释很多遍了吗？"

当大人这样责问或评断幼儿说话时，结局常常是，幼儿因为不被了解，气得愈说愈大声；或者失去信心，干脆闭嘴不说了。"说话"的目的是沟通，它把幼儿心里想的、感觉的、脑中所理解的，具体的以声音、词语陈述出来，期望与听者沟通。而孩子们也很清楚，自己所理解的远比所能表达的高明得多，所以他们说话时，总会借助动作、表情，努力把话说清楚。只是，这样的努力不见得能获得大人青睐。

身为听者的大人，如果动不动就纠正发音、改正文法、批判用词，那孩子怎么跟他沟通呢？孩子已竭尽所能，结果还被嫌东嫌西，他就会觉得自己说的话都有问题；自己想的都不成熟。不管哪种情况，在检查和纠正的巨尺下，被否定的，是孩子的思考；被阻绝的，是孩子自我尝试的努力。

一般人对语言学习有个大误解，就是认为语言是模仿的结果。在这个认知的前提下，大人把孩子看成是空罐子，认为只要不断塞入语言材料，幼儿就会说标准的话了，然而实情并非如此。

孩子会自己归纳出语言的使用规则

人类的婴儿，先天上的确已具备语言学习的机制。但要让这个先天的机制运作，除了语言环境外，还需要孩子自己的归纳能力，孩子必须把已经学会的加以类化和转移。也就是说，幼儿学会语言，是因为他能从所处的语言环境中，主动归纳出该语言的用法或规则，而且也把它转用出去。提供以下几个例子，你应该很容易看出那些"语误"，绝不是大人教出来、或孩子模仿来的，因为不会有任何大人这样子用字或说话。同样的道理，细看那些"语误"，你应该很容易就察觉到，幼儿是使用"规则"在发言，是自己转用语句来组合的。

"我不要不要吃。"——（双重否定）

"Those geeses are flying."——（那些鹅在飞；在不规则的复数名词，加上复数，以表示很多）

"我不要那个弯腰的红包。"——（不会说"折到"，转

以自己会用的语词表达）

"Open the light."——（打开灯；应是 turn on，明显受到"开"灯的影响）

假如语言的学习只是纯模仿，那些语误又怎会从孩子的嘴中吐出来呢？所以孩子的语误，不是错误，应该说是"儿童文法"的类化表现。那是孩子潜意识的、不自觉的从语言环境中归纳出语言的规则，也类化着、转移着那些规则，以求达到表达和沟通的目的。

所幸，孩子不会永远停留在他的"儿童文法"里。有个统计数字是：一个正常人每天平均要讲四万个字。也就是说，当你的幼儿身处在充满话语的环境里，他有的是聆听"正确语言"的机会。所以，他有足够的刺激去修正他的儿童文法，然后再转用那已修正过的规则。经过这样的循环试验，孩子的说话就会愈来愈接近"大人文法"了。

语言的学习，既然得靠孩子自己努力，大人要赞许孩子在努力过程中每一个尝试、每一个自我修正，也就是允许孩子说错话。紧迫盯人、不放过每一个错误，被否定的，将是孩子主动思考的能力，以及自我尝试的努力和动机。

许多大人对幼儿语言学习的另一个误解，就是认为错了要马上订正；这样的及时教育，最有效力。在这个教养前提下，大人把孩子的学习过程当成国文考试的改错题，以为只要大人不断耳提面命，幼儿就会说标准的话。然而，事实并非如此。

语言发展不需操之过急

学会说话，好像是天经地义的事，但其实很复杂，需要很多因素的配合和运作。而其中最重要的就是成熟度，也就是说，它是有时间表的。比如说，新生儿的口腔很小，舌头占据了大部分的空间，所以那时的口腔（生理发展）并没有预备好要发出语音。

奇妙的是，口腔机制虽暂且不管用，但新生儿听力的发展却相当成熟，所以他们会很专心的看大人发音的嘴型、听大人（尤其是妈妈）说母语时的语调、发现语言和环境间的连结关系（比如说，这个人一出现，就会听到"妈妈来了"）。所以尽管婴儿还无法开口说话，但他的内在已积极在做练习和储备。到了六个月前后，当他的口腔机制"长进"了，他就开始牙牙学语，"ba-ba"、"ma-ma"，练习他听见的，以及所能发出的声音，尤其是语音。

这种发音的"时间表"，说明了为什么宝宝说话会"怪里怪气"。既然有时间表，大人是急不来的。比如说，你要孩子别再把k发成t了，虽然孩子可以分辨出这两个不同的音，但他的发音器官还是无法做到。更例如你想要幼儿清楚的发出英文中th（像think）的音，但这个音的成熟时间表，对许多小男孩来说，却大约在七岁前后。所以就算你当下订正无数次，还是无法成功，理由很简单，因为还不成熟！所以身为成人的你，比较有效的作法不是亦步亦趋的订正，反而是在日常的生活中、自然地持续示范，等待那时间表的成熟，允许孩子暂时地发"错"音。

把"牛"老是说成"狗"的语误也是同样的道理。在幼儿的词汇发展里，他必须一步步地归类出不同"概念"间的分类边界，例如桌子和椅子有什么不同？他还需要时间去确定"词汇"和"指代物"之间的象征关系，例如都有四只脚，为什么这是牛，那却会是马？

愈小的孩子，因生活经验少、能表达的词汇少，在寻求"词汇"和"指代物"之间象征关系的道路上，愈会出现过度类化（例如指鹿为马）或是类化不足（如把糖果说成糖糖）的现象。这些现象，不是大人想改就能改，勉强不来的。所以比较有效的方法，是以"扩充和澄清"的方式来示范正确的用语。目的不在纠正，而是提供完整的线索来引导。让孩子随着生活经验的增加、词汇原则加大、词汇量增广等发展，逐步"悟"出词汇和指代物之间的稳定象征关系。例如，当你听见孩子指牛为狗时，不妨说："它也是有四条腿。这只会哞哞叫的动物，是牛。"

所以，请允许孩子用错词，不要直接批判孩子的用语。用澄清而非纠正孩子所说的，才能扩充孩子的词汇和观点。这样的做法比较有效，也不会阻绝孩子自行归类的思考练习和努力。

那天在中正机场，听见一个小小孩对他的妈妈大声抗议："我不要你每次都一直讲、一直讲……"而那火气也不小的妈妈则说："没有人说 gooder，是 better！我不是跟你说过很多遍了吗？"

在飞机上，我那十一岁的儿子小福问我："妈妈，我小时候是不是也说 gooder？"我回答，是的。他又问："那小孩子都是那样，为什么他的妈妈要那么生气？"

PART FOUR
发展与学习

15 幼儿该不该学写字？

小小孩都喜欢模仿大人"写字"的动作。不过，你一定听过太早握笔会对孩子日后发展造成不良的影响。其实，学写字是幼儿的一种自发性探索，借由适当的引导，帮助孩子在探索过程中，自然而然朝正式的书写发展。

许多人一听到让幼儿"写字"，马上摆出刺猬般的防卫架式，义正词严的说："孩子不到六岁，小肌肉尚未发展成熟，学写字是揠苗助长。"

年龄像根巨尺，不但衡量谁可以做，也区隔着行为的对与错。这种以唯一标准来丈量幼儿学习内容的习惯，极可能会忽略幼儿探索"书写"的自发性动机和行为，也会让成熟度比较高的幼儿，因为缺乏适当的引导，日后得费力改正不良的书写习惯。

在许多学前教育机构里，是不教写字的。理由不外乎：

幼儿的肌肉发展不够成熟，文字是抽象的符号，不适合学习等。没错，这些对幼儿能力的考虑是贴心且必要的。可是，幼儿发展，年龄只是一个参考，个别差异的考虑才是重要指标。

这同时还牵涉两个必须加以区别的问题：一、学习写字，并不等于写注音符号、汉字或英文字母；二、如果成人不教，幼儿对文字的书写常识就等于零吗？如果成人不教，幼儿就不会提笔写字吗？

学"写字"是幼儿的本能

其实，孩子从一出生开始，就不断地在学习，目的是适应环境。而学习的对象不会只限于某些事，还包括孩子身边所有的文化现象，其中最重要的就是对语言文字的自发探索和学习。

文字虽是一组约定俗成、由特定规则所组合而成的线条符号，但它时时出现在幼儿的生活中，比如广告、玩具、图书、包装盒等，实用的说明着"是什么、做什么用"的功能性。环绕在幼儿周遭的人也高频率的使用着文字，写信、写卡片、记录、打计算机……充分展现表达和记录的必要性。

幼儿的发展，年龄只是一个参考，个别差异才是重要指标。

文字的高曝光率和超级有用（高功能性），让幼儿无法忽视它的存在和实用价值，而不知不觉的"学"了起来。所以，我们经常看见即使是一、二岁的幼儿也会拿笔和纸来涂鸦，来扮演"写字"这件事，因为它很重要也很有用处。

事隔多年，我仍清晰记得那天下午。我一回到家，就看见两岁的女儿宁宁蹲在地上，手上握着一枝笔，专心的戳着稿纸，她说："Annie 写稿。"而她身旁躺着一本我的书，早已被她用荧光笔画得满目疮痍，她说："Annie 看书。"

看书和写稿是我很重要的日常活动，女儿宁宁看在眼里,无形中也变成了她自发游戏和探索的项目之一。类似这样的幼儿游戏组合,你一定觉得很熟悉吧。例如拿着锅碗瓢盆"下厨",或者手持积木当成手机"通话",更甚者偷偷爬上计算机桌敲敲打打键盘"上网",这些成人日常生活中的点点滴滴,都会一一成为幼儿的自发性游戏内容,或更准确地说,是幼儿的"探索"之旅。

孩子有本事归纳出书写的规则

所以,在成人论断该不该让幼儿学写字时,必须先了解"写字"的学习动机,是来自内在的,是幼儿想要适应和掌控环境的需求。需求的动机,没有对错。所以重点不在该不该让幼儿学写字,而在鼓励幼儿"写"什么或探索什么?

幼儿的学习,不是只有模仿,他们有本事能从复杂的现象中归纳出使用规则,例如语法、字形结构。虽然这些暂时的"规则"与成人的认知不完全相同,但仔细分析起来,幼儿的"规则"却也抓住了特有文字系统里的特质。随着经验的累积和学习技巧的增加,不但儿童的文字规则会愈来愈趋向成熟,也为日后正式的书写学习奠定稳固根基。

你只要花几天的时间,搜集一下幼儿的自发性书写作品，一定会惊喜地发现：原来，孩子真的在学写字耶！他写的作品不是鬼画符，也不是乱写的，每一张作品里，都可以看见他主动探索语文（包括母语和外语学习）的痕迹。我们可以从以下的几个例子，来看幼儿在文字上的归结能力，真是"就算你不教，其实他也会！"

一、字音的对应：

图一是一个小班孩子所写的"指甲剪"。在这张作品里，"字音的对应"观念已明显地呈现出来：一个语音只对应一个字。有趣的是，这个幼儿的涂鸦，清晰地表现出"线条与块状字"中国文字"形"的特质。这样的文字涂鸦，是不同于一个英语语系里幼儿的同构型作品。图二呈现出的是连续线条式的英文文字"形"上的特质。

二、部件的出现：

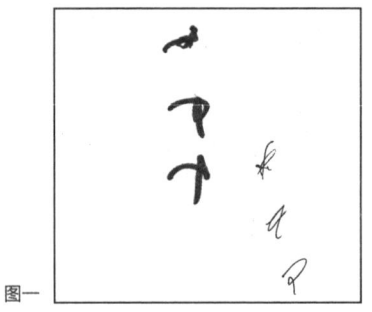
图一

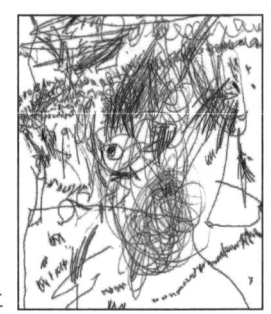
图二

图三是一个中班的孩子所写的"洗衣服",这个孩子已经抓住了中文里的方形块状字特色。因此在对"形"的了解上,他不仅具有"一个字音对应一个字形"的概念;也抓住了中国字线条及

图三

块状的特色;还能更进一步把线条组合成更似中文字的外形,使他的作品像是"仿字"或"拟字",形成了一个部件。部件的结构很像是部首,我们可以说它像是一个"基本形"。

幼儿常常会以一个或是多个基本形为参照点,来创写他们认为的字。在这个例子里,"田"这个结构,就是这个幼儿用以创写的基本形。

三、部件的组合:

在对书写文字常识的认知上,其中一个很重要的进展,就是会去组合部件。在图四中,这个大班的孩子就完全掌握了这个常识:他知道中国文字是把不同的部件组合而成,在他写的"洗衣板"里,每一个自创字,都是由两个以上的"上下"和"左右"不同方位的部件组合而成。

上述这些自发性的书写例子里,正清楚地说明:不需

图四

正式的语文学习课程,顺着来自内在的、想要适应和掌控环境的"写字"学习动机,幼儿会想学、会主动、也有能力探索语文的世界。而这个关键就在,身为成人的我们是不是能细心地去体会和赞赏幼儿在发现世界中,所探知的每一个喜悦和每一个成就。因为幼儿在环境中,不仅在学习有形的东西,也在学习抽象的东西;他不只是探索生活中的实用技术,也在探索文化中的各项知识。

所以简化论断"孩子不到六岁,学写字是揠苗助长",不但易让家长误认为写字的学习只是写汉字或注音符号,而忽略了幼儿主动探索写字动作和文字常识上的各种努力和成就。毕竟,知识和能力的学习,是累积来的成果,而非一蹴而就的。

预备一个鼓励书写的探索环境

理想的教养环境里,成人不仅应珍视孩子自发性的书写探索,也应提供充足的各种书写工具,如纸、笔,让孩子探索工具与符号间的关系。丰富的书写探索环境，不需耗资百万，其中功用最强、也最容易做的，就是鼓励幼儿画图，这是间接预备书写最重要的一项基础。

自发性的画画，让幼儿充分探索手和工具间的种种协调动作，也让幼儿体验手脑间的合作关系。因此，成人应该避免一开始就强制要幼儿以"正确"的握笔方式去画画。例如在图五和六中，这些自发性的幼儿握笔方式在成人眼中是不正确的，但对幼儿而言，借由这种种的探索，让他们发现了不同动作和不同效果间的关系。

另外一个鼓励幼儿画画的主要目的，是幼儿在尝试绘画的同时，也会探索"抽象符号"（例如中文字、注音符号、数字、英文字母等）和表意间的关系。

图五

图六

图七

在图七中，幼儿自行区分出图画和书写是不一样的两件事。据幼儿自己说明，图的中央是画了一只小鸟，而右方较小的是写"小鸟"。

"写字"这件事，不只是狭义的写出符号或写字的"动作"而已，还包含了解文字背后的全面意义。所以孩子用笔所写出的"字"，成人不能将它们矮化成只是"乱写"。它们表现出孩子主动探索画图、写字、符号、图像、系统、运笔方式、形状等层层的互动关系之后所归纳出的文字知识。

观察且引导孩子正确书写

幼儿的发展是有个别差异的！在图八两幅图的比较里，同是我班上三岁的孩子，但在对握笔、线条、和文字常识的掌握上，却有很大的差异。假如你是以"年纪"为唯一考虑标准，而去断定因为年龄未到、坚持不引导孩子握笔方式或基本的文字书写技巧，那你极可能会导致成熟度较高的孩子，因自行摸索过久养成握笔不正确或书写笔

图八-1

图八-2

顺错乱等,需费相当长的时间才能改正的不良习惯。

要如何断定孩子的小肌肉已经成熟到能接受正式的握笔训练呢?关键就在观察幼儿平日的运笔方式,他是用手的哪个部位来操控书写或画图工具。假如幼儿是以手指,而非手腕或手肘来操控书写和画图工具,那他就已成熟到能接受正式的握笔训练了。

再来,何时该教导孩子书写正式的笔顺呢?这个答案,可分成"鼓励探索"和"间接预备"两个施行方针。首先,在一个鼓励孩子探索语言文字的环境,孩子一旦掌握了基本的文字规则,就会自发性地想办法把它"写出来"和实验"加减笔划后又会怎样"。比如,当他想写中文的"大"字,就会先画上面一条线,再以补线条的方式,从四面左右上下，补上短线。又比方说他会以正着、倒着、躺着、中间画上七八道线条的方式，去实验英语大写字母"E"的结构。这样的探索，让孩子有机会实验画图、写字、符号、图像、系统、运笔方式、形状等层层的互动关系，以全面性的方式展开对文字知识的了解。

而"间接预备"是孩子经过一段时间探索后，会逐渐意识到文字有约定俗成的笔顺和构造，而会有想"写字"的动机。一开始，你不妨先利用一些不需正式握笔的媒介，像沙盘，带孩子用手指以正确的笔顺，由左到右、上到下写一些简单的字形。这不但满足了孩子的认知需求，也奠下正规笔顺的书写基础，减少日后笔顺错误的困扰。等到孩子的小肌肉成熟到能学习正规握笔写字时，再逐步地让他以笔练习书写。就算孩子成熟到已能握笔练习笔顺，他仍会以探索的方式，探究语言文字的各项面貌和功能，比如他会以涂鸦的方式，模拟快速写信的形象和行为，家长应鼓励并赞赏他这样的动机。

当幼儿成熟到想以声音的符号来表达想法时，他们就开始了口语的发展；当他们成熟到想组合线条，当做符号来象征实物和想法时，他们便开始涂鸦，走上了正式的书写发展。了解幼儿想"写字"的动机，赞赏他在探索中对语文常识的每一步发现和体验,就不会把"写字"简化成只是机械式的书写动作。

因此,要不要教幼儿正规的握笔和写字?年龄不是关卡,而应视个别孩子的发展与成熟度而定。

PART FOUR
发展与学习

16 看见幼儿的创造力

家里的小小孩开始对某个动作或某件事"情有独钟",好像上瘾一样不断重复且乐此不疲,他在做什么?你看见了吗?

当了那么多年的老师,有一件事,是我再清楚不过的了,那就是:每个幼儿都有创造力——与生俱来的一种能力。问题出在,身为成人的我们,对幼儿的创造力总是视而不见。你一定听过"别拿自己的孩子跟别人比"这句话。其实,"比较"是智力发展的基础,也是智能运用的表现。不比较的话,不只是幼儿、甚至是成人都无法增添或修正知识。

所以,想了解幼儿的创造力,你必须做的第一件事,就是比较。只是,这个"比较"不是把孩子放在秤头上跟别的孩子比高下，而是要把今天的他跟昨天的他比，把这个阶段视为下个阶段的重要根基。

请看图一，这是亚当在两岁十个月时，来到我教室的第一件作

图一

品。我还清晰记得，有长达一个月的时间，他每天都会从玩具架上取下黏土盒，要我帮他打开盒盖，然后一个人坐在教室的一角，有声有色的重复做着同一件事：把黏土捶扁。在这长达一个月的时间里，假如你只从作品成果的"名称"来看，那你只会看见一样东西（同样的结果）：捶扁的黏土。

但是如果你和我一样的好奇和挑剔，你就会惊喜地发现亚当的创造力。在这一个月里，他不但试着用不同的方式打扁黏土，像是用手掌、用小拳头、也用不同的手指，来让黏土变得扁扁的。他不断地试验着，如何让黏土扁得很快或很慢，也想出各种花招，让他的扁黏土从一块变成好几块。

把亚当的今天跟昨天比，你看见他的创造力了吗？"重

图二

复性"是幼儿的学习特质，在重复里，他会主动的测试自己的能力，也渐渐了解物品和事件的特质，更会慢慢的掌控手脑间的协调度——那就是幼儿的创造力！

再来看图二，这是亚当接下来的工作：挖洞。有一天，他不小心把黏土弄了个大洞，他欢呼地拿着黏土来找我："你看，我做了一个甜甜圈！"从那刻开始，又是长达一个月的时间，他除了想尽各种方法把黏土压扁，挖大洞或小洞，还开始为他的成品命名（尽管全都是挖了洞的黏土），像是饼干、比萨、海绵蛋糕、圆形积木等。

拿今天的亚当跟昨天的相比，你看见他的创造力了吗？都是挖洞，但今天挖的，跟昨天挖的完全不一样；今天想完成的目标，与昨天的也完全不同。因为他在上个月不断重复的过程里，手眼的协调能力精进了，也掌握了黏土的特性，所以这个月他能信心满满的把熟悉的日常物品转换成那块洞洞黏土——这就是幼儿的创造力。

又有一天，他兴高采烈地拿着好几块黏在一起的小黏土来找我，跳着说："你能帮我照相吗？你看，我盖了一个游泳池。"仔细看，我不但看见墙壁和门，也清楚的"看见"了亚当想象里的蓝蓝池水。（图三）

也就是从这个游泳池开始，他小小的手指，开始利用结合与分解黏土的技巧，做出了桥梁、火车、家、飞机和老师（我），不但物品的特性愈来愈清楚，外形结构也愈来愈接近所描绘的事物。

这些成品，甚至还拥有不同的小故事，因为他开始利用它们来编故事，而且愈

图三

是让他觉得有成就的成品，他就一定要我拍照，存入他的计算机档案里。因为我喜欢利用影像来记录孩子的发展里程碑，所有的孩子也就"自我训练"成能看见自己的成就，也会要求我为他们值得庆贺的成果照像了。

把今天的亚当跟昨天的亚当比，你看见他的创造力了吧？从只用单一黏土，到运用多块的结合；从拟物的特性，到打点外形结构的细节；从只注意"它是什么"，到把它

转换到故事的情节中……亚当已能自由地在现实和幻想间穿梭自如。那就是幼儿的创造力！而你，是不是也注意到幼儿创造力的来源了呢？幼儿创造力的母床，就是来自他的生活，他真真实实的生活环境。

创造力不是天马行空的幻想

许多成人误以为白雪公主、城堡、机器人、外层空间那些看不见或不存在的，才是想象力，所以只要让幼儿大量接触类似迪斯尼世界的幻想，那就是滋润幼儿的想象力。其实这忽略了一件事实：幼儿的成长重心是先掌握现实生活，他是先从真实的生活里，吸取创造的材料、养分，然后利用已知的事物，来转换成新的组合，来改变成新的联结。

这就好像是电影《小美人鱼》里的人鱼公主，她在看见人类的叉子时，虽然不知道那是什么，但借由它的齿状特性，推测那可能是人类的梳子。这也像十八个月大的孩子，会把一块积木当做车子开。这也像是五岁的幼儿，可以从"家庭"的观念来想象太阳系的行星关系。这三个例子，都在说明一个事实：真实的生活经验，提供了孩子在转换现实时使用的材料；了解真实的生活，为孩子预备了在现实跟想象间转换的创造能力。

图四是亚当五岁时的作品。他花了一个星期的时间，小心的上色、黏贴，完成了他梦想中的对讲机。他说他的对讲机可以转换各种动物的语言，所以只要经由它，人类可以完全了解动物在说什么。他还说，对讲机上的按钮，不需要按，只要对它笑，它就会自行启动。从两岁十个月时只会打扁黏土，到五岁半，他离开我的教室，我有幸见证这个

图四

孩子这三年里的创造力，是如何地与生活结合，又如何地有他自己的旅程和成长速度。

亚当只是我带过的孩子里的其中一个。每个孩子，不管是绝顶聪明，还是有成长上的挑战，他们都有创造力。只要

图五

在他周遭的你，能细心把他的今天跟昨天做比较，你就会惊喜的发现那个创造力的轨迹。

朋友问我，为什么在自己的Skype 显示图片方块里，放上一张穿着大红花衣，头上还别着花朵的画像（图五）？我说那是我

女儿四岁时的作品,我觉得她很有想象力,因为她结合了所有她爱的事物(现实里和幻想里的),把它们画成了妈妈(我)。

女儿今年十三岁了,假如拿她跟别的孩子比较,她的画画天分是没那么出色,但她从小养成的态度,是拿今天的自己跟昨天的自己相比,因此她觉得自己一直在进步、一直有新点子,而明天总是一直有希望。

PART FOUR
发展与学习

17 读绘本学英文有用吗？

幼儿学英文，该怎么开始？亲子共读英文绘本，能为宝宝的外语学习，带来听说读写的全面经验。

"有没有英语环境"是幼儿能不能流利使用英语的重要因素。与幼儿共读英文绘本，虽然比不上生活在英语环境里有效，但它提供了某种程度的全语言环境，确实能为宝宝的外语学习带来听说读写的全面经验。接下来，我们先来理清学英文的三个论点：

争论一：必须在自然的外语环境？

"你是不是住在英语系国家？""每天在家里或学校，是不是有人固定用（甚至只用）英文与宝宝沟通？"假如是，你的幼儿就能自然而然学会英文，那是他适应环境的基本能力。因此，若家里有人能说一口流利的英文，不妨孩子一出生，就请他固定用英文和孩子互动。

假如不是，不管孩子一个星期上几小时英文课，他能流利说英文的机率就不大，因为英文在他的生活没有实用价值。不实用，对幼儿来说，就不会有学习的动力。没有可运用及练习的环境，语言就学不好，因为人与人的"互动"，是幼儿学习语言（包括母语和外语）的必要条件。

争论二：幼儿能不能学外语？

可以！就算你无法提供全外语的生活环境，宝宝还是能接触到外语，尤其是英语。在台湾，英文四处可见，例如标签、街上的招牌和路牌、电视节目和歌曲……

英文虽不是母语，但已是台湾孩子生活"环境文字"的一部分。掌握环境，是幼儿成长的目标。对环境文字产生探索的好奇，也就成了幼儿探索和学习英文的实用基础。在父母兴致高昂地让幼儿学英文前，有几点必须提醒：

最好让婴幼儿探索性地学习外语，而不是上课式的直接教导。比如，跟他一起唱玩 ABC 的歌和游戏，比直接要他背 ABC 来得合适。

最好让宝宝从环境中、从运用中（功能性）学习单词和句子，而不是从教科书中学习。比如喝牛奶时，指着牛奶盒说："Milk! You are drinking milk."这会比从英文教材中学习来得有效、有趣。

　　最好让宝宝从语言的全面性，如语音、语义、语形和语用，来全面探索外语，而不是把学习过程拆解成先学好发音或字母、再学拼字等片段。

　　这样"探索性"、"实用性"和"全面性"的外语学习模式，才能有效帮孩子打下学习的基础和兴趣。

争论三：为何读英文绘本有效？

　　读英文绘本虽然不是唯一的方法，但每天与婴幼儿共读英文绘本，确实能提供某种程度的"探索性"、"实用性"、"全面性"的学习环境。我以英文的经典作品《Where's Spot？》（小波在哪里？）来说明共读英文绘本到底提供什么样的养分和环境：

　　一、探索性：英文有些语音、语法结构是中文没有的，而这些不是成人能直接教给婴幼儿的，因为幼儿学习语言的方式不同于成人。成人善于从单一面向（好比发音、文法）学外语，而幼儿却是从整体面向（像学母语的过程）来学习。

所以给孩子一个充满语言的环境，让他去探索，他就可以从中自行归纳出语言的运用方式。那些方式，我们姑且称之"儿童语法"。

儿童语法在成熟度上，与正规语法有差距，比如以"ated"来替代"ate"，以过度类化的方式，把所有的动词都加上 ed，那就会变成过去式。这样的例子，正说明了幼儿是主动地在语言环境中，以演绎归纳的方式来探索。成人若想"有效"改正那些所谓的"错误"，常常是徒劳无功。有效的态度，是给孩子环境，让他不断地重新归纳他的儿童语法。共读英文绘本，提供了这样的整体机会，让幼儿探索和归纳。

《Where's Spot？》一书整体的情境包括：同时听见语音、看见语形、归纳语意（借由图画、成人和自己的背景经验）、了解语法、体验语用（比如同样的句子,因语调不同,意义也跟着不同）。从这样的整体经验出发，当共读的次数不断累积、接触不同绘本的经验增加时，幼儿就有机会从中归纳出英文特有的语言特性。

其实这种从"整体到部分"的过程，很像肢体和动作的发展。身体肢干的成熟早于四肢，大动作的发展早于精细动作。只要细心观察幼儿的共读行为，就可以发现从"整体到部分"的语言发展过程。比方说,你的宝宝是不是在重复共读几次后,就会表示要自己念?这包括喃喃自语、以不同音调的"假性阅读";抢着补句子;告诉你漏念或念错了。这些阅读现象,都说明了幼儿学习语言的过程是从"整体到部分"。

二、**全面性**:不管母语或外语,婴幼儿的语言学习进程都是相同的。也就是说,小孩是先侦测到整体的意义、语调的不同,然后是句子,再来才是单词和单独的语音(a、b)。《Where's Spot?》这本书的内文与外在结构,正提供这种全面性的探索机会。

比如说,本书的书写结构,皆以同样句型的问答组成:"Is he in xxx?""No.",加上小翻页的设计,让幼儿从动作、整体故事中顺理成章的了解:英文问句是什么?对话的形式又是如何组成的?这本书也以紧密的文图对应方式,帮助幼儿侦测整体的文意、句子、段落,以及单词的存在和指向。例如,在"Is he under the bed?"这页,图文搭配得宜,加上内文对象都是幼儿熟悉的,共读几次后,孩子应能毫无困难的侦测到介词(under)和名词(bed)的名称。

书中重复的情节、句子和单词所在位置的一致性,经过一再共读后,无形中也让孩子注意到字母的形状、文字的排列位置。所以,三岁左右的孩子,常有恍然大悟的反应:"妈妈,这是 he 吗?这里也有 he 耶。"

三、实用性:不管学什么,要记得牢、存得久,都得让内容进到我们的长程记忆里。所以最好的方式,就是让内容经过多层的经验和不断地重复。多层经验,让内容拥有不同的储存途径,进入脑中的记忆库,日后就容易顺着多层的线索,找到和提取信息。重复性高,能增强、巩固对内容的记忆,日后回想,不需反复思索,就可以立即提取信息。

本书最大的特色在于,不管是对象的选择(家中常见物品),或事件的取决(幼儿非常着迷翻箱倒柜)都是幼儿生活中熟悉的事物。共读时,很自然的会引发幼儿回到自己的生活中,找出共同的经验来印证书中所说,并去了解内容指的是什么,推论出事件的因果关系,因而有了阅读的理解。

即使都读同一本书,念相同的字词和句子,但每次共读都会引发幼儿不同的关注与联想。这让孩子对内容有多层意义的理解,在记忆中增加不同的库存位置和线索,也激发幼儿学习语言的类化能力,自动把书中的字词和句子,运用和转用到类似的情境。这就是为什么,你的宝宝一看见书中与自己库存记忆中类似的对象和经验时，就会运用书中的单词和句型背诵整本书，尤其是自己看书或玩游戏时。这样的共读结果与反应，同样会出现在共读母语的绘本上。

所以，家长可以常常和孩子共读，然后在日常生活中，把书中的情节、句子和单词用出来。与其花精力争论宝宝该不该学习英文，不如想想如何把"接触英文"当做是增加幼儿生活经验的一个探索方向？把共读英文绘本充分运用在生活的互动中，为宝宝的外语学习带来听说读写的全面体验。

PART FOUR

发展与学习

18 培养自信的小孩

为什么有的孩子喜欢样样自己来,有的却什么都要人家帮忙?孩子透过"做"来了解"我是谁,会什么"。如何帮助孩子发展自我概念,勇于尝试?

教室里又来了六个新孩子!不管是三岁或五岁,在这两个星期里,他们已清楚的告诉我,他们是用什么眼光看待自己:觉得自己有能力,或觉得自己很多事都做不好。

三岁的小艾任何事都习惯先自己来,实在是打不开、折不了,才来找老师说:"我需要帮忙。"就算需要帮忙,她小小的脸庞上,仍写满了自信。同样是三岁的茉莉,只要东西洒了、鞋子稍微套不上,就扭头哭叫:"我不会做,我太小了。"就算我和助教对她说:"你是大孩子了,先试试看,我会帮你的。"她的回答仍是:"我不是大孩子,你捡起来,你帮我穿。"

小小的身躯，处处表达着"我没有能力"。

五岁的罗杰，让我想起二年前离开的小宾。两人同样是不能解读社会行为的亚斯伯格症小孩，但不同的是，小宾总先动手试，而罗杰却拒绝尝试，老是以抗拒的言语或行为来表示："我不愿意做。"其实那是因为他觉得自己做不好，所以用愤怒和拒绝来掩饰他的无力感。

孩子看待自己"是有能力，或无助的"，代表着对自我概念的认识。自我概念良好的孩子，受挫力较高，相信自己可以成功；挫折，只是另一个新的尝试起点。自我概念较差的孩子，遇事容易放弃，会觉得自己没能力，很容易一败涂地。幼儿不会等到长大才开始发展自我概念，而是从一出生、从日常生活的互动中，来奠定"我是谁"、"我会……"的自我概念。

完成"我想要、我可以"的成就

每个孩子都是独特的。不管他是小艾或茱莉，先天气质是勇往直前或害羞观望；也不管他有没有先天上的学习挑战，像小宾或罗杰，小小孩来到世上的第一个任务，就是要成为"独特、自主的自己"。小小孩都会有不可抗拒的，想要"做"、渴望"完成"的动力。别惊讶，许多才一两岁的小孩，就很坚持要自己穿衣、穿鞋、吃饭，甚至过马路。在生命的前三年里，没有比学会自立和自主更重要的事了！

孩子从出生，头不能抬，到开始迈开大步行走，每一个让自己自立、自主的行为，都会让他着迷的一试再试。令人肃然起敬的是，幼儿执意要自己做那些事，并不是因为容易，而是因为它们困难！好比他不断想办法，要把难以掌握的汤匙转对方向，把晃来晃去的脚掌和袜口对得更准。他既不是为了赞赏，也非为了领奖，只是因为那"我想要、我可以"的本能驱使。

你一定听过"Terrible Two"（麻烦两岁）的说法吧，许多成人对这个词的解释，只停留在"哦，他就是爱唱反调！就想让我生气。"但我们得学着从孩子想自主的角度来解读那处处唱反调的行为和动机。

发现"我是我"的自主过程

孩子发现他可以控制自己的肢体动作，去想去的地方、拿想拿的东西，就开始了"自主意志"的建构工程。他会发现，自己和他人是不同的个体，而每个个体都拥有不同的思维。有趣的是，某些"自主"的动作居然会引发他人做出"同样"的反应。比如说："我知道如果我去拿姐姐的娃娃，她会尖叫。""如果我去摸那个洞洞（插座），妈妈会瞪大眼睛说，不可以！"

像这样去推测自己和他人想法的异同，去证验自己所想的是对的，所成就的正是孩子相信自己能力的心理基础点。所以他唱反调，绝非是想故意气死大人，纯粹是心理自主之旅的一个过程，他想证实的是"我是我"。你可能会质疑："难道我要让他摸插座、自己过马路吗？"不是！别忘了，孩子年纪小，还不能区分事情的危险性，所以成人要很清楚的帮助孩子理清哪些事他可以做主，哪些是没有选择的。比如说，你可以提早叫他起床，让他再三试着自己穿鞋。但坐上车时，没得选择，一定要系上安全带。

小小孩都有不可抗拒的，想要"做"与"完成"的动力。

适度、清楚的画出界线，并不会打击孩子的自主和自信，反而让他们相信自己可以做出正确的选择，也让他们觉得安全、受到保护。相对的，不提供幼儿界线，反而会让他觉得"超载"，似乎凡事都得靠自己，那会让幼儿觉得无助、不安。

挫折是成长的"有机肥"

生理上的自主、心理上的自信，皆需要温床来助长，它们并不会自己长出来。成人的"鼓励尝试"和"无条件接纳"能提供这样的温床，让孩子学习到：自己是有能力、可以冒险、不怕跌倒的人。

"鼓励尝试"和"无条件接纳"的第一种含义是：让幼儿自己做。最有效也最容易上手的方法是，从孩子很小开始，就给他机会和时间，学习自己吃饭、穿衣、拿画笔、甚至参与做家务。让他从日常生活中，具体感受到自己有能力，别人也信赖他。第二种含义则是，我们也要让孩子感受到：挫折就像影子，会跟随我们一辈子，要学会与它相处；也就是接纳随之而来的难过和愤怒，接纳自己在尝试后的失败。所以当挫折发生时，成人可以：

不带批判的去指认孩子的情绪，让他认识：觉得难受和愤怒是正常、能被理解的。比如："盖子盖不上,你很生气,是吗？""你跌倒了,很痛,所以哭得很伤心。"

等孩子的情绪比较稳定后,再就事论事,提供方法。比如："你看,这是盖子的把手,你可以这样拿着盖上来,再试一次！""就是这样,转,再转……"

有了这样的鼓励和接纳,孩子其实就会放心,会愿意换个方式再试,也就会有更多机会经历自己努力而来的果实。于是,挫折成了孩子成长时的有机肥料。相反的,我们也有可能让孩子认为：自己没有能力,所以凡事得由他人代劳。比方说你很辛苦,常帮孩子打点大小事。但从幼儿的角度来看,他学到的却是："自己什么都做不好",因为大人觉得他能力不足。所谓"习得的无助",就是指在不信任、成人事必躬亲的环境中成长的孩子,容易从很小开始就养成了以放弃的习惯和态度来面对挫折,适应新环境的能力也会降低。

常听成人说："他长大就会了！"事实并非如此。成人的不信任,不但减低了孩子手眼协调的精进机会,也剥夺了孩子从经验中锻炼接纳挫折、再站起来的受挫力。成人尽量做、帮孩子事先过滤掉可能的困难,只会一次次让孩子感受到：挫折好像天要塌下来了,而自己却无法解决。

于是，孩子成了"小草莓"，一碰就受伤。

让我们再回头看看小茉莉的例子：东西洒了，她的无助信念让她习惯了不去尝试，因为她自认没能力完成。而从小身处大人事必躬亲的环境，更让她日渐养成凡事"理所当然"的要成人来做与"命令"他人的习惯。要如何让大人去执行她想要的事呢？她习惯用哭闹的方式，因为那很管用！

在孩子小的时候，父母若多分一些时间给他，耐心引领、鼓励他多尝试、克服困难，这样的孩子比较可能在不停寻找方法、不怕困难的信心中长大。而这样的可能性，就从此刻他手中的那个汤匙、那双袜子，以及那个瓶盖开始……

许多"唱反调"的表现,都是孩子想证实"我是我"的过程。

图书在版编目(CIP)数据

让孩子安心做自己 / 李坤珊著. --武汉：长江少年儿童出版社, 2015.5
ISBN 978-7-5560-2164-2

Ⅰ.①让… Ⅱ.①李… Ⅲ.①学前儿童—家庭教育 Ⅳ.①G78

中国版本图书馆CIP数据核字(2015)第029780号
著作权合同登记号：图字17-2014-332

《让孩子安心做自己》
版权所有@李坤珊
本书版权经由天下杂志股份有限公司授权
海豚传媒股份有限公司中文简体版权，
委任安泊文化事业有限公司代理授权，
由长江少年儿童出版社独家出版发行，非经书面同意，
不得以任何形式任意重制、转载。
版权所有，侵权必究。

让孩子安心做自己

李坤珊 / 著
责任编辑 / 傅一新　佟一
装帧设计 / 黄　珂
美术编辑 / 魏孜子
出版发行 / 长江少年儿童出版社
经销 / 全国新华书店
印刷 / 湖南新华精品印务有限公司
开本 / 880×1230　1/32　5.625印张
版次 / 2015年5月第1版第1次印刷
书号 / ISBN 978-7-5560-2164-2
定价 / 29.80元

策划 / 海豚传媒股份有限公司（17061065）
网址 / www.dolphinmedia.cn　邮箱 / dolphinmedia@vip.163.com
咨询热线 / 027-87398305　销售热线 / 027-87396822
海豚传媒常年法律顾问 / 湖北珞珈律师事务所　王清　027-68754966-227